高职高专计算机类系列教材

C语言程序设计教程

主编 彭 莉 苗冬霞 彭 隽

西安电子科技大学出版社

内 容 简 介

本书采用由浅入深、循序渐进的方式介绍了 C 语言的主要知识点。全书共 11 章，分别为 C 语言概述，数据类型、运算符和表达式，顺序结构程序设计，选择结构程序设计，循环结构程序设计，数组，函数，指针，结构体、共用体和枚举类型，文件，综合项目——学生成绩管理系统。各章还附有程序设计综合实例与习题。

本书既可作为应用型本科、高职高专等院校相关专业的教材或全国计算机等级考试的参考书，也可作为广大编程爱好者的自学用书。

图书在版编目(CIP)数据

C 语言程序设计教程 / 彭莉，苗冬霞，彭隽主编. —西安：西安电子科技大学出版社，2017.6 (2024.8 重印)
ISBN 978 - 7 - 5606 - 4474 - 5

Ⅰ. ① C… Ⅱ. ① 彭… ② 苗… ③ 彭… Ⅲ. ① C 语言—程序设计 Ⅳ. ① TP312.8

中国版本图书馆 CIP 数据核字(2017)第 104007 号

策　　划　秦志峰
责任编辑　秦志峰
出版发行　西安电子科技大学出版社(西安市太白南路 2 号)
电　　话　(029)88202421　88201467　　　　邮　　编　710071
网　　址　www.xduph.com　　　　　　　电子邮箱　xdupfxb001@163.com
经　　销　新华书店
印刷单位　西安日报社印务中心
版　　次　2017 年 6 月第 1 版　　2024 年 8 月第 7 次印刷
开　　本　787 毫米×1092 毫米　1/16　　印　张　14.25
字　　数　335 千字
定　　价　35.00 元
ISBN 978 - 7 - 5606 - 4474 - 5
XDUP 4766001-7
如有印装问题可调换

前　言

C 语言功能强大，语法简洁、灵活，运算符丰富，同时兼具高级语言和低级语言的特点，所编写的程序执行效率高、可移植性好，既可用于编写系统软件，也可用于编写应用软件，深受国内外广大编程人员的喜爱，是流传最广泛、使用最多的高级程序设计语言之一。

本书由长期从事一线教学的教师根据丰富的教学经验编写，全书突出理论联系实际，侧重培养学生的实践技能和创新思维。书中以 Visual C++ 6.0 为开发环境，内容设计由浅入深、循序渐进，案例实用性强，程序分析详细并配有注释，方便读者快速掌握编程技巧。每个章节都安排有课后习题，其中包含全国计算机等级考试 C 语言的部分真题，以强化读者实际应用能力。最后通过实际开发一个完整的项目，使读者融会贯通各章节的知识点，检验和提高自己解决实际编程问题的能力。

全书分为 11 章，全面介绍了 C 语言的主要知识点，具体包括：C 语言概述，数据类型、运算符和表达式，顺序结构程序设计，选择结构程序设计，循环结构程序设计，数组，函数，指针，结构体、共用体和枚举类型，文件，综合项目——学生成绩管理系统等。

本书由武汉工程职业技术学院的彭莉、苗冬霞和彭隽担任主编。其中，第 1 章、第 2 章、第 3 章、第 4 章、第 10 章、第 11 章及附录由彭莉编写；第 5 章、第 6 章、第 8 章由苗冬霞编写；第 7 章、第 9 章由彭隽编写。另外，彭莉还负责全书的设计、规划并统稿。

感谢在本书的编写和出版过程中提供帮助的所有朋友们。限于编写时间与编者学识，书中难免存在错误或不足之处，敬请有关专家和广大读者批评指正。

编　者

目　录

第 1 章 C 语言概述

教学目标 ✍

➢ 了解 C 语言的发展过程和特点；
➢ 掌握 C 语言程序的结构；
➢ 熟悉 C 语言程序的开发环境和步骤。

1.1 C 语言的发展过程

C 语言是一种面向过程的程序设计语言，它不仅是一种计算机高级语言，还兼有低级语言的特性，目前已广泛应用于各个领域。

C 语言的祖先是 ALGOL 60(ALGOrithmic Language 60)。ALGOL 60 不能直接对硬件进行操作，不适合用来编写系统程序。

1963 年，英国剑桥大学和伦敦大学将 ALGOL 60 发展成 CPL(Combined Programming Language)。

1967 年，Martin Richards 对 CPL 进行了简化，将 CPL 发展成 BCPL(Basic Combined Programming Language)。

1970 年，美国贝尔实验室的 Ken Thompson 将 BCPL 修改成 B 语言，并用 B 语言开发了第一个高级语言 UNIX 操作系统。

1972 年，Ken Thompson 和 Dennis M. Ritchie 将 B 语言发展成 C 语言。C 语言既保持了 BCPL 和 B 语言接近于硬件的特点，同时也克服了它们过于简单、数据无类型等缺点。

1973 年，Ken Thompson 和 Dennis M. Ritchie 两人再次合作将之前用汇编语言编写的 UNIX 操作系统 90%以上的代码改用 C 语言编写，使得 UNIX 操作系统和 C 语言在全世界迅速得到推广。

后来，C 语言被多次改进，出现了多种版本，并且没有统一的标准。1983 年，美国国家标准协会(ANSI)制定了 C 语言标准，称为 ANSI C，成为现在流行的 C 语言标准。

1.2 C 语言的特点

C 语言功能强大、发展迅速，目前已成为最受欢迎的计算机程序设计语言之一，其主要特点有以下几个方面：

(1) 语言简洁，使用方便、灵活。C 语言一共只有 32 个关键字和 9 种控制语句。程序书写自由，并严格区分大小写。它是结构化、模块化的程序设计语言，能够将高级语言的结构和低级语言的实用性完美地结合在一起。

(2) 运算符丰富。C 语言共有 34 种运算符，如算术运算符、关系运算符、逻辑运算符等。由于其丰富的运算符，使得 C 语言表达式类型多样化。灵活使用各种运算符可以实现在其他高级语言中难以实现的运算。

(3) 数据结构类型丰富。C 语言的数据类型很多，有整型、实型、字符型、数组类型、结构体类型、共用体类型、指针类型、枚举类型等，能够实现各种复杂的数据结构的运算，如链表、栈等。

(4) 结构化的语言。结构式语言的显著特点是代码及数据的分离，即程序的各个部分除了必要的信息交流外彼此独立。这种结构化方式可使程序层次清晰，便于使用、维护以及调试。C 语言是以函数形式提供给用户的，这些函数可方便地调用，并具有多种循环语句、条件语句以控制程序流向，从而使程序完全结构化。

(5) 允许直接访问物理地址，可以直接对硬件进行操作。C 语言既具有高级语言的功能，又具有低级语言的许多功能，能够像汇编语言一样对位、字节和地址进行操作，而这三者是计算机最基本的工作单元，可用来编写系统软件。

(6) 生成的目标代码质量高，程序执行效率高。C 语言生成的目标代码效率一般只比汇编语言生成的目标代码效率低 10%～20%。

(7) 可移植性好。C 语言适用于多种操作系统，基本上可以不作任何修改就能在各种型号的计算机上运行。

1.3　C 语言的基本符号

1. C 语言的字符集

C 语言的字符集由字母、数字、空格、标点和特殊字符组成，主要包括：

(1) 26 个英文字母(区分大、小写)。

(2) 10 个阿拉伯数字(0、1、2、…、9)。

(3) 其他特殊符号，以运算符为主(+、-、*、/、<、>、%等)。

2. 标识符

标识符用来表示变量名、函数名、用户自定义数据类型等，它由 1～32 个字符组成。标识符必须以字母或下划线开头，后面的字符可以是英文字母、数字或下划线。例如，abc、ABC、a1、_abc、apple 等都是正确的标识符，而 1A、a-b、A&B、help you、a.b 等都是错误的标识符。

注意：

(1) 标识符不能使用 C 语言的关键字，并且要严格区分大、小写字母。例如，ABC 和 abc 是两个不同的标识符。

(2) 选用标识符应尽量做到"见名知意"。选择有含义的英文单词或缩写，可增强程序的可读性，如 name、max、min、average 等。

(3) 尽量避免使用以下划线开头的标识符。因为 C 编译系统中的库函数经常以"_"打头，所以在程序中应尽量避免使用以"_"打头的标识符，以防止与库函数冲突。

3．关键字

关键字又称为保留字，是具有特殊意义的字符序列。C 语言中的关键字共有 32 个，根据关键字的作用可以将其分为以下四类。

(1) 控制语句关键字(12 个)：if, else, switch, case, default, break, for, do, while, continue, goto, return。

(2) 数据类型关键字(12 个)：int, short, long, float, double, signed, unsigned, char, enum, struct, union, void。

(3) 存储类型关键字(4 个)：auto, extern, register, static。

(4) 其他关键字(4 个)：const, sizeof, typedef, volatile。

1.4　C 语言程序的基本结构

1.4.1　简单的 C 程序示例

【例 1.1】　编写程序，在屏幕上显示文字"Hello,world！"。
程序如下：

```
#include <stdio.h>              /*预处理命令，包含 C 语言标准输入输出库函数的头文件*/
main()                         /*主函数开始*/
{
    printf("Hello,world！\n");    /*输出文字信息*/
}
```

程序运行结果：

```
Hello, world！
```

程序分析：

(1) 第 1 行使用#include 预处理命令包含头文件 stdio.h，以便在程序中使用标准输入输出库函数，这里使用 printf 实现简单文字的输出。

(2) 第 2 行 main 为主函数名，且主函数无参数。

(3) 第 3～5 行为函数体。函数体一般由多条语句构成。

(4) 第 4 行 printf 为标准输出函数，用来输出字符串"Hello,world！"，其中"\n"代表回车换行，";"代表语句结束，C 语言中所有语句都必须以分号结束。

(5) 各行后面的"/*……*/"是注释，"/*"和"*/"必须成对出现，用来对程序的功能进行说明，可以增加程序的可读性。

【例 1.2】　从键盘上输入圆的半径，并计算圆的面积。
程序如下：

```
#include <stdio.h>
#define PI 3.1415926            /*定义圆周率符号常量*/
void main()
{
    float r,s;                  /*定义两个单精度变量，分别表示圆的半径和面积*/
    printf("请输入圆的半径：");  /*提示用户从键盘上输入圆半径*/
    scanf("%f",&r);             /*接收用户从键盘上输入的圆半径*/
    s=PI*r*r;                   /*计算圆的面积*/
    printf("s=%f\n",s);         /*输出圆的面积*/
}
```

程序运行结果：

    请输入圆的半径：2.5✓

    s=19.634954

程序分析：

(1) 第 1 行使用#include 预处理命令包含头文件 stdio.h，以便在程序中使用标准输入输出库函数。

(2) 第 2 行#define 定义符号常量 PI，符号常量通常大写。

(3) 第 3 行 main 为主函数名，且主函数无参数无返回值。void 是指函数的返回值类型为空。

(4) 第 4～10 行为函数体。函数体一般由多条语句构成，本例题中函数体由 5 条语句构成。

(5) 第 5 行声明了两个单精度变量 r 和 s，分别表示圆的半径和圆的面积。

(6) 第 6 行使用 printf 标准输出函数，提示用户从键盘上输入圆半径。

(7) 第 7 行使用 scanf 标准输入函数接收用户从键盘上输入的圆半径 r。

(8) 第 8 行使用公式计算圆的面积。

(9) 第 9 行使用 printf 函数输出圆的面积。

1.4.2　C 语言程序的基本结构

C 语言规定，一个完整的 C 程序应该包括必要的包含语句和预处理语句、唯一的一个 main 函数以及用户自定义函数三个部分。

1．必要的包含语句和预处理语句

包含语句和预处理语句主要定义一个程序中引用了哪些标准函数，引导编译程序到指定的位置调用相应的程序代码并将其添加到用户程序中。包含文件也称为库文件，分为系统提供的包含文件和用户自定义的包含文件两种。系统提供的包含文件一般保存在安装目录下的 include 目录中；用户自定义的库文件可以根据用户的要求来存储。

2．唯一的一个 main 函数

main 函数称为主函数，一个 C 程序有且只能有一个 main 函数。main 函数的基本格式为

```
main()
{
    …
}
```

程序中的一对大括号表示主程序的开始和结束。

3．用户自定义函数

C 函数库中的库函数不可能满足所有的需求，因此用户可以根据需要在程序中开发能够实现不同功能的程序段，这样的程序段称为函数。一个标准的 C 程序由一个主函数和大量的自定义函数组成。

1.4.3 C 语言程序的书写规范

在书写 C 语言程序时应注意以下几个方面，以养成良好的编程风格。

(1) C 语言程序书写格式自由，可以一行写多条语句，也可以将一条语句写在多行，但这样会降低程序的可读性，最好一条语句占一行。

(2) C 语言程序中的语句必须以分号结束。

(3) C 语言程序中应严格区分字母的大小写。

(4) 为了使程序看起来更加清晰，最好以缩进的格式书写。

(5) 可以为程序添加注释来说明程序段的功能。"//"注释一行，"/*……*/"注释一块(一行或多行)。

1.5 C 语言程序的开发过程

开发一个 C 语言程序要经过四个步骤，即编辑、编译、连接和运行，才能得到运行结果。

1．编辑

编辑是指编写或修改 C 语言源程序，源程序的扩展名为 ".c"。文件名命名必须合法，如 abc.c、example.c 等。

2．编译

编译是指把 C 语言源程序转换成可重定位的二进制代码的目标程序，生成的目标程序扩展名为 ".obj"。编译过程由编译程序完成。编译程序自动对源程序进行句法和语法检查，当发现这类错误时，就将错误的类型和在程序中的位置显示出来，以帮助用户修改源程序中的错误。如果未发现句法和语法错误，就自动形成目标代码并对目标代码进行优化后生成目标文件。

3．连接

目标程序虽能被计算机直接识别，但是不能直接执行。连接是用连接程序将编译生成的目标程序与程序中用到的系统库函数连接起来，形成可执行程序。可执行目标文件的扩展名为 ".exe"。

4. 运行

运行可执行的目标文件后，即可得到程序的运行结果。如果结果不正确，则需要检查和修改源程序，重新进行编译、连接、运行，直到运行结果正确。

C 语言程序的开发过程如图 1.1 所示。图中，带箭头的实线表示操作流程，带箭头的虚线表示操作所需要的条件和产生的结果。例如，在 Visual C++ 6.0 集成环境中的操作步骤为：在源程序编辑窗口中，编写 C 源程序文件(扩展名为 .c)；对该文件进行编译，生成可重定位的目标文件(扩展名为 .obj)；再将目标文件进行连接，生成可执行的目标文件(扩展名为 .exe)，也称可执行文件；运行可执行文件即可获得运行结果。

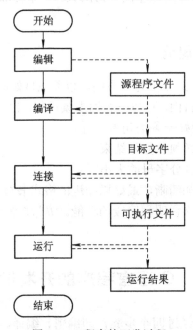

图 1.1　C 程序的开发过程

1.6　VC++6.0 集成环境的使用

1.6.1　Visual C++ 6.0 简介

Microsoft Visual C++ 是美国微软公司推出的基于 Windows 平台的可视化集成开发环境。它使用方便灵活，除了可以处理 VC++应用程序，还可以处理 C 语言程序，并与标准的 ANSI C 语言兼容。

安装完 Visual C++ 6.0 后，单击任务栏上的【开始】|【程序】|【Microsoft Visual C++ 6.0】命令，启动"Microsoft Visual C++ 6.0"，进入 Visual C++ 6.0 主窗口，如图 1.2 所示。

Visual C++ 6.0 主窗口界面由菜单栏、工具栏、源程序编写窗口、工作空间子窗口以及输出窗口等构成。

(1) 菜单栏：集成了 Visual C++ 6.0 的各种命令、功能和设置。

(2) 工具栏：包括最常用的命令、功能和设置，用图标的方式显示，方便用户操作使用。

(3) 源程序编写窗口：用来编写源代码以及其他文档。

(4) 工作空间子窗口(Workspace 子窗口)：可将 Visual C++ 6.0 中使用的类和文件以树状结构显示，以便用户浏览。

(5) 输出窗口：用来显示编译和连接、调试或搜索等操作的结果。

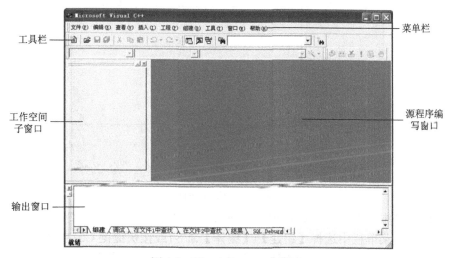

图 1.2　Visual C++ 6.0 主窗口

1.6.2　使用 Visual C++ 6.0 开发 C 语言源程序

在 Visual C++ 6.0 集成开发环境中开发 C 语言源程序，常用的方法主要有以下两种。

1．新建一个 C 语言源程序

(1) 启动 Visual C++ 6.0，进入如图 1.2 所示的 Visual C++ 6.0 主窗口。

(2) 选择【文件】|【新建】命令，弹出"新建"对话框，并切换到"文件"选项卡，在列表中选择应用程序类型"C++ Source File"，如图 1.3 所示。

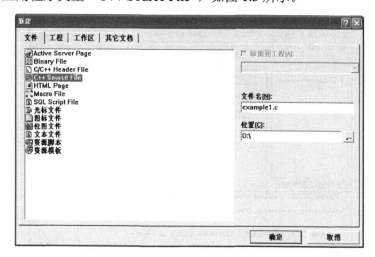

图 1.3　"新建"对话框

(3) 在"新建"对话框的【文件名】文本框中输入要建立的 C 源文件的名字(如 example1.c)，单击【位置】文本框右侧的浏览按钮 **...**，选择存放源程序的位置(如 D:\)，然后单击【确定】按钮，进入源程序编辑器，如图 1.4 所示。

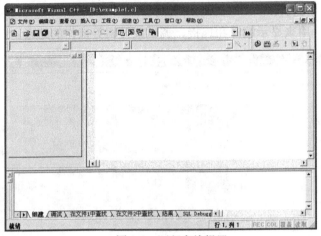

图 1.4　源程序编辑器

(4) 在源程序编辑器中输入、编辑源程序代码并保存。

(5) 编译。在菜单栏中选择【组建】|【编译】命令(或按快捷键 Ctrl+F7)，弹出如图 1.5 所示的对话框。对话框提示"是否需要创建工作区？"，单击【是】命令按钮。

图 1.5　"是否需要创建工作区"对话框

如果源程序在编译中发现错误，错误信息会在输出窗口中显示，用户可根据错误提示信息对源程序进行修改再重新编译；编译成功时提示信息为：**xxx.obj - 0 error(s), 0 warning(s)**，如图 1.6 所示。

图 1.6　编译 C 源程序

(6) 连接。在菜单栏中选择【组建】|【组建】命令(或按快捷键 F7)，连接生成相应的可执行文件，如图 1.7 所示。连接成功的提示信息为：xxx.exe - 0 error(s), 0 warning(s)。

图 1.7　连接目标文件

(7) 运行。在菜单栏中选择【组建】|【执行】命令(或按快捷键 Ctrl+F5)，或者在工具栏上单击运行按钮 ❗ 来运行相应的程序，如图 1.8 所示。

图 1.8　运行程序

根据提示输入程序所需数据，即可得到程序的运行结果，如图 1.9 所示。然后按任意键返回到 Visual C++ 6.0 开发环境。

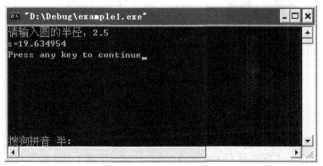

图 1.9　程序的运行结果

注意：当一个 C 语言程序运行结束后，应单击【文件】|【关闭工作区】命令，关闭程序的工作区，然后开始新的 C 程序编辑。因为系统会给每个 C 程序分配工作区，工作区中包含了当前 C 程序所需要的全部信息。所以当开发新的 C 程序时，必须关闭上一个 C 程序处理时的工作区，否则会出现"error LNK2005: _main already defined in e0112.obj(主函数已经存在)"错误。

2. 建立和运行多个 C 语言程序

在 Visual C++ 6.0 中，要建立和运行多个相联系的 C 语言源程序，必须首先建立一个项目或工程，它是由应用程序所需要的所有源文件组成的一个有机整体。其具体操作步骤如下：

(1) 启动 Visual C++ 6.0，进入如图 1.2 所示的 Visual C++ 6.0 主窗口。

(2) 选择【文件】|【新建】命令，弹出"新建"对话框，并切换到"工程"选项卡，在列表中选择"Win32 Console Application"选项，如图 1.10 所示。

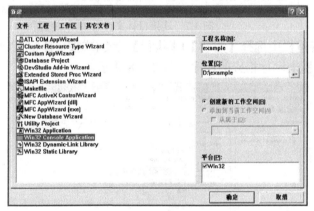

图 1.10 "工程"选项卡

(3) 在"工程"选项卡的【工程名称】文本框中输入要建立的工程的名字(如 example)，单击【位置】文本框右侧的浏览按钮 ...，选择存放工程的位置(如 D:\ example)，然后单击【确定】按钮，进入"Win32 Console Application—步骤 1 共 1 步"对话框，如图 1.11 所示。

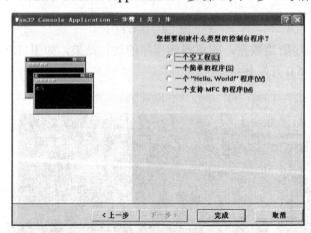

图 1.11 "Win32 Console Application—步骤 1 共 1 步"对话框

（4）在"Win32 Console Application—步骤 1 共 1 步"对话框中选择第一个选项"一个空工程"，单击【完成】按钮，弹出"新建工程信息"对话框，如图 1.12 所示。

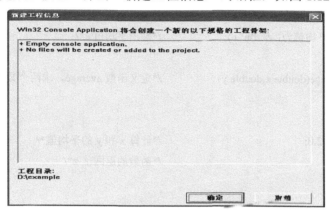

图 1.12　"新建工程信息"对话框

（5）"新建工程信息"对话框中会显示新建工程的基本信息，包括工程目录等。单击【确定】按钮，完成工程的创建，如图 1.13 所示。随之可为工程添加新的 C 语言源程序，步骤可参照方法 1"新建一个 C 语言源程序"。

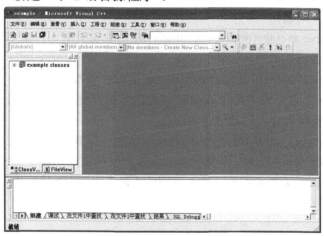

图 1.13　工程界面

1.7　程序设计综合实例

【例 1.3】　从键盘上输入两个数，计算平均值并输出。
程序如下：

```
#include <stdio.h>
main()
{
    double a,b,c;                      /*定义 3 个实型变量*/
    double average(double x,double y); /*调用 average 函数前先进行函数说明*/
```

```
        printf("请输入两个数：");
        scanf("%lf,%lf",&a,&b);              /*从键盘上输入两个实数 a 和 b*/
        c=average(a,b);                      /*调用 average 函数，计算 a 和 b 的平均值*/
        printf("平均值为：%lf\n",c);         /*输出平均值 c*/
    }
    double average(double x,double y)        /*定义函数 average，求两个数的平均值*/
    {
        double z;
        z=(x+y)/2.0;                         /*计算 x 和 y 的平均值*/
        return z;                            /*函数的返回值 z*/
    }
```

程序运行结果：

　　　请输入两个数：92.7,78.5↙

　　　平均值为：85.600000

程序分析：

(1) 本程序包含两个函数：主函数 main 和用户自定义函数 average。函数 average 的功能是计算两个数的平均值。

(2) 第 5 行 double average(double x,double y);是函数说明语句。在 C 语言中，调用函数之前，一般要先进行函数说明。

(3) 第 7 行 scanf("%lf,%lf",&a,&b)中，scanf 是标准输入函数，用于接收用户从键盘输入的数据。"%lf,%lf"表示输入的是 double 类型的数据，变量之间用逗号分隔。"&a,&b"表示变量 a 和变量 b 在内存中的地址。

(4) 第 8 行 average(a,b)的功能是调用 average 函数，计算两个数的平均值，并将结果赋值给变量 c。函数调用的过程中，会将实参 a 和 b 的值传递给形参 x 和 y。

(5) 第 15 行 return z 表示将平均值 z 返回给主函数 main 中调用的 average 函数，程序重新回到 main 函数中继续执行。

习　题　1

一、填空题

1. 一个 C 程序有且仅有一个＿＿＿＿＿＿＿＿＿＿函数。

2. 标识符必须以＿＿＿＿＿＿＿＿开头。

3. C 源程序的扩展名为＿＿＿＿＿＿＿。

4. 一个 C 程序运行结束后必须关闭＿＿＿＿＿＿＿。

5. C 程序的开发步骤分为＿＿＿＿＿、编译、＿＿＿＿＿＿和＿＿＿＿＿＿。

二、单项选择题

1. 以下不是 C 语言特点的是（　　）。

    A．C 语言简洁、紧凑　　　　　　　　B．能够编制出功能复杂的程序

    C．C 语言可以直接对硬件进行操作　　D．C 语言移植性好

2．以下不正确的 C 语言标识符是（　　　）。

    A．ABC　　　　　　B．abc　　　　　　C．a_bc　　　　　　D．ab.c

3．以下正确的 C 语言标识符是（　　　）。

    A．%c　　　　　　B．b＋c　　　　　　C．a123　　　　　　D．ab!

4．一个 C 程序的执行是从（　　　）。

    A．main()函数开始，直到 main()函数结束

    B．第一个函数开始，直到最后一个函数结束

    C．第一个语句开始，直到最后一个语句结束

    D．main()函数开始，直到最后一个函数结束

5．一个 C 程序是由（　　　）。

    A．一个主程序和若干个子程序组成　　B．一个或多个函数组成

    C．若干过程组成　　　　　　　　　　D．若干子程序组成

三、编程题

1．在屏幕上输出一行文字"××学院××专业××班××"，将你所在学校、专业、班级和姓名分别填入××的位置。

2．从键盘上输入圆的半径，计算该半径的圆球的体积。

第 2 章 数据类型、运算符和表达式

教学目标

➢ 了解 C 语言的基本数据类型；
➢ 理解常量和变量的概念；
➢ 熟悉 C 语言中各种运算符和表达式的计算。

2.1 数 据 类 型

数据以一种特定的形式存在，计算机把数据存放在内存中，不同的数据占用不同的内存单元。因此计算机要处理不同种类的数据，即数据类型。C 语言中的数据类型如图 2.1 所示。

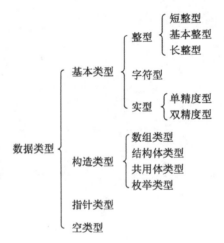

图 2.1 C 语言的数据类型

1. 基本类型

基本类型是 C 语言中的基础类型，其中包括整型、字符型和实型。

2. 构造类型

构造类型是由多种类型组合而成的新类型，其中每一组成部分称为构造类型的成员。构造类型包括数组类型、结构体类型、共用体类型和枚举类型。

3. 指针类型

指针类型是一种特殊的数据类型，指针的值表示某个内存的地址。

4. 空类型

空类型的关键字是 void，可将函数返回值的类型声明为空，这代表该函数没有返回值。

不同的数据类型有各自的类型关键字、字节和取值范围，如表 2.1 所示。

表 2.1　数据类型描述表

数据类型	类型关键字	字节	取值范围
整型	int	4	−2 147 483 648～2 147 483 647
无符号整型	unsigned [int]	4	0～4 294 967 295
有符号整型	signed int	4	−2 147 483 648～2 147 483 647
短整型	short [int]	2	−32 768～32 767
无符号短整型	unsigned short [int]	2	0～65 535
有符号短整型	signed short [int]	2	−32 768～32 767
长整型	long [int]	4	−2 147 483 648～2 147 483 647
无符号长整型	unsigned long [int]	4	0～4 294 967 295
有符号长整型	signed long [int]	4	−2 147 483 648～2 147 483 647
单精度型	float	4	$1.2 \times 10^{-38} \sim 3.4 \times 10^{38}$
双精度型	double	8	$2.3 \times 10^{-308} \sim 1.7 \times 10^{308}$
字符型	char	1	−128～127
无符号字符型	unsigned char	1	0～255
有符号字符型	signed char	1	−128～127

2.2　常　　量

常量是指在程序运行过程中其值不能改变的量。反之，在程序运行过程中其值可以变化的量称为变量。根据类型的不同，常量可分为整型常量、实型常量、字符型常量和符号常量。

除符号常量外，定义常量语法的一般格式为

　　const 数据类型 常量名=常量值;

例如：

　　const float PAI=3.1415926;

注意：常量必须在定义的同时就完成赋值。

2.2.1　整型常量

整型常量就是整型常数，有以下三种表示形式：

(1) 十进制整数：没有前缀，由数字 0～9 组成，如 123、–200。

(2) 八进制整数：以数字 0 作为前缀，其余各位由数字 0～7 组成，如 0234、0100、016。

(3) 十六进制整数：以 0X(或 0x)为前缀，其余各位由数字 0～9、字母 a～f 或 A～F 组成，如 0x789、0X135、0x1af。

2.2.2 实型常量

实型常量也称为浮点型常量，由整数部分和小数部分组成，实型常量有两种表现形式。

(1) 小数形式：由符号、整数部分、小数点和小数部分组成。小数点必须有，并且不能省略。如 1.2、0.56、–98.75。

(2) 指数形式：实数有时较大或较小，此时可以采用指数形式来表示。在 C 语言中，用字母 E 或 e 来表示以 10 为底的幂数。如 1.23×10^2 可记为 1.23E2，57.896×10^{-3} 可记为 57.896E–3。需要特别注意的是字母 E 或 e 之前必须要有数字，并且 E 或 e 后面的指数必须为整数，如 e–1、8.76E3.1 都是错误的。

2.2.3 字符型常量

字符型常量分为两种，一种是字符常量，另一种是字符串常量。

1. 字符常量

字符常量通常是用单引号括起来的单个字符。例如，'a'、'E'、'$' 等都是字符常量。单引号仅用来定界，并不代表字符本身。

字符常量的值就是该字符对应的 ASCII 码值，可以和数值型数据一起参加算术运算。例如，小写字母 'a' 对应的 ASCII 码是 97，可以进行简单的计算。

除了简单字符常量，还有一种特殊的字符常量，称为转义字符。转义字符以反斜杠 "\" 开头，后面跟一个或几个字符，表示不能从键盘输入的功能字符或有特殊含义的字符，如 "\n" 表示换行，"\r" 表示回车。常用的转义字符及其含义如表 2.2 所示。

表 2.2 常用的转义字符及其含义

转义字符	含 义
\n	换行，将当前光标移到下一行行首
\t	横向跳到下一个制表位置，一个制表区占 8 列
\a	报警
\r	回车
\\	反斜杠
\'	单引号
\"	双引号
\?	问号
\b	退格
\f	换页
\ddd	1～3 位八进制数所代表的字符
\xhh	1～2 位十六进制数所代表的字符

2．字符串常量

字符串常量是用双引号括起来的若干字符序列。例如，"hello"、"I am a Chinese." 等都是字符串常量，双引号仅用来定界，并不代表字符串的一部分。如果字符串中一个字符也没有，称为空串，此时字符串的长度为 0，记为 " "。

C 语言规定在存储字符串常量时，系统会自动在字符串的末尾加一个"\0"作为字符串的结束标志。

例如，字符串 "I am a Chinese." 一共有 15 个字符，其中空格和"."也各算一个字符，因此该字符串在内存中占 16 个字节的存储空间，其存储情况如图 2.2 所示。

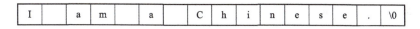

| I | | a | m | | a | | C | h | i | n | e | s | e | . | \0 |

图 2.2　字符串在内存中的存储

3．字符常量和字符串常量的区别

(1) 定界符不同：字符常量使用单引号定界，字符串常量使用双引号定界。

(2) 长度不同：字符常量的长度为 1，只占一个字节的存储空间；字符串常量的长度可以为 0，也可以是某个具体的整数值。

例如：字符常量 'a' 与字符串常量 "a" 的区别。字符常量 'a' 占 1 个字节的存储空间，而字符串常量 "a" 中虽然只含有一个字符，但是在内存中占用 2 个字节的存储空间，因为字符串末尾有结束标志"\0"。

(3) 存储方式不同：字符常量中存储的是该字符的 ASCII 码值；而在字符串常量中不仅存储有效字符，还要存储字符串的结束标志"\0"。

(4) 参加的运算不同：字符串常量不能参加数值运算；而字符常量却可以参与混合运算，因为字符常量的值就是该字符对应的 ASCII 码值。

【例 2.1】　转义字符的应用。

程序如下：

```
#include <stdio.h>
main()
{
    printf("a␣b\tcd␣e\n");           /*␣代表空格*/
    printf("fg\th␣k\rpx\by␣z\n");
}
```

程序运行结果：

```
a␣b        cd␣e
py␣z        h␣k
```

程序分析：

(1) 第 4 行 printf 函数先在第一行输出"a␣b"，遇到"\t"，它的作用是横向跳到下一个制表位置，一个制表区占 8 列，因此下一个制表位置为第九列，输出"cd␣e"，遇到"\n"，表示换行。

(2) 第 5 行 printf 函数先输出"fg"，遇到"\t"，跳到下一个制表位置第九列，输出"h␣k"，遇到"\r"，表示回车，并不换行，而是返回到本行行首第一列输出"px"，将之前的"fg"覆盖掉，因此结果中没有"fg"。接着遇到"\b"，表示退格，退回到第二列输出"y␣z"，将之前的字符"x"取代。

2.2.4 符号常量

符号常量是使用一个标识符来代替常量，一般用大写字母表示，以与小写字母表示的变量名进行区分。符号常量的值在其作用域内不能改变，也不能被重新赋值。符号常量在使用前必须先定义，其语法的一般格式为

> #define <符号常量名> <常量值>

例如：

> #define PI 3.1415926

【例 2.2】 符号常量的使用：编写一个程序，计算半径为 5 的圆的周长。

程序如下：

```
#include <stdio.h>
#define PI 3.1415926          /*定义 PI 符号常量*/
main()
{
    float r,l;
    r=5.0;
    l=2*PI*r;                 /*符号常量 PI 代替常量 3.1415926*/
    printf("圆的周长：%f\n",l);
}
```

程序运行结果：

> 圆的周长：31.415926

2.3 变 量

2.3.1 变量的声明

变量是指在程序运行过程中其值可以改变的量。每个变量都有自己的名称，并且在内存中占用一定的存储空间。

声明变量语法的一般格式为

> 数据类型 变量名 1, 变量名 2, 变量名 3, …

例如：

```
int a,b,c;          /*定义整型变量 a、b、c*/
double s,t;         /*定义双精度型变量 s、t*/
char ch;            /*定义字符型变量 ch*/
```

2.3.2 变量的初始化

定义变量的同时，对变量赋初值即称为变量初始化，其语法的一般格式为

数据类型 变量名 1=初值 1,变量名 2=初值 2,变量名 3=初值 3, …;

例如：

```
int a=1,b=2,c=3;
float e=18.997;
char ch='A';
```

说明：

(1) 变量的初始化，也可先声明一个变量，然后赋初值。例如：

```
int a;
a=10;
```

(2) 在定义中不能连续赋值，如 int a=b=c=5;是错误的，必须分别赋值。

(3) 允许对部分变量赋初值，如 int x,y=7;是合法的。

【例 2.3】 变量的初始化。

程序如下：

```
#include <stdio.h>
main()
{
    char ch1='a',ch2='b';              /*定义两个字符变量，并且进行初始化*/
    int t1=3,t2;                       /*定义两个整型变量，并对 t1 进行初始化*/
    t2=ch1+t1;                         /*字符型变量以对应的 ASCII 码值参加计算*/
    printf("ch1=%c,ch2=%c,t2=%c\n",ch1,ch2,t2);    /*以字符形式输出*/
    printf("ch1=%d,ch2=%d,t2=%d\n",ch1,ch2,t2);    /*以数值形式输出*/
}
```

程序运行结果：

```
ch1=a, ch2=b, t2=d
ch1=97, ch2=98, t2=100
```

2.4 运算符和表达式

C 语言中的运算符按照其作用分为算术运算符、关系运算符、逻辑运算符、赋值运算符、条件运算符、逗号运算符和位运算符；按照操作数的个数可分为单目运算符、双目运算符和三目运算符。

表达式是将运算符和操作数结合在一起的符合 C 语言语法规则的式子，例如 a+b、x/y、t>8、(x>y)&&(y!=z)等。表达式中的操作数可以是常量、变量、函数或表达式。

2.4.1 运算符的优先级及结合性

表达式的值按照一定的运算规则来计算。运算规则指运算时先算什么后算什么以及如

何计算。这里的运算规则与表达式中运算符的优先级及结合性有关。运算符的优先级由高到低排列，1 级最高，15 级最低，同一方格内的运算符优先级相同，如表 2.3 所示。计算表达式时，根据运算符的优先级，优先级高的先进行运算。

表 2.3　运算符的优先级

优先级	运算符	功　　能	结合性	操作数个数
1(最高)	() [] → .	括号 下标运算符 指向结构体成员运算符 结构体成员运算符	自左向右	
2	! ~ ++、-- - * & sizeof	逻辑非运算符 按位取反运算符 自增、自减运算符 负号运算符 指针运算符 地址运算符 字节长度运算符	自右向左	单目运算符
3	*、/、%	乘、除、求余运算符	自左向右	双目运算符
4	+、-	加法、减法运算符	自左向右	双目运算符
5	<<、>>	左移位、右移位运算符	自左向右	双目运算符
6	>、>=、<、<=	关系运算符	自左向右	双目运算符
7	==、!=	等于、不等于运算符	自左向右	双目运算符
8	&	按位与运算符	自左向右	双目运算符
9	^	按位异或运算符	自左向右	双目运算符
10	|	按位或运算符	自左向右	双目运算符
11	&&	逻辑与运算符	自左向右	双目运算符
12	||	逻辑或运算符	自左向右	双目运算符
13	?:	条件运算符	自右向左	三目运算符
14	=、+=、-=、*=、/=、&= >>=、<<=、^=、!=	赋值运算符	自右向左	双目运算符
15(最低)	,	逗号运算符	自左向右	

结合性指同一表达式中，运算符优先级相同时所遵循的运算顺序。结合性分为左结合和右结合，左结合即自左向右运算；相对的，右结合即自右向左运算。例如，表达式"a*b-c"，根据表达式中运算符的优先级及结合性，先计算 a*b，然后再减去 c。

2.4.2　算术运算符和算术表达式

1．算术运算符

算术运算符包括两个单目运算符，即正和负；五个双目运算符，即加法(+)、减法(-)、乘法(*)、除法(/)和求余(%)，如表 2.4 所示。

表 2.4　算 术 运 算 符

运算符	功　能	操作数个数
+	取正	单目运算符
–	取负	单目运算符
*	乘法	双目运算符
/	除法	双目运算符
%	求余(取模)	双目运算符
+	加法	双目运算符
–	减法	双目运算符

关于算术运算符的说明有以下几点：

(1) 算术运算符中的"+"和"–"作为单目运算符(正负)时的优先级高于双目运算符(加减)，同时也高于其他算术运算符。

(2) 对于除法(/)运算符，当参与运算的两个操作数都是整数，结果也为整数；不能整除时，取结果的整数部分，小数部分被舍去。如果操作数中有一个是实型，则结果为实型。

(3) 对于求余(%)运算符，要求 2 个操作数均为整数，结果为整数相除后的余数，并且结果的符号与被除数符号相同。例如，10%3=1、15%4=3、–20%3=–2。

2. 算术表达式

用算术运算符和操作数结合在一起的符合 C 语言语法规则的式子，称为算术表达式。例如，5*4–2、a+b+c、x*y–6 等。

计算算术表达式时应遵循以下规则：

(1) 按照运算符优先级高低次序计算，*、/、%的优先级高于+、–。例如，先乘除后加减。

(2) 当算术运算符优先级相同时，结合方向为"自左向右"，即按照从左到右的顺序依次进行运算。例如，a+b–c，因为+和–运算符的优先级相同，所以先执行 a+b 操作，然后再执行减法运算。

3. 自增、自减运算符

自增(++)、自减(――)运算符是单目运算符，具有右结合性。使用时分为前置和后置两种。

(1) 前置运算：++变量、――变量。

先增减，后运算。即先将变量自身加 1(或减 1)，再参加其他运算。

(2) 后置运算：变量++、变量――。

先运算，后增减。即先参加其他运算，再将变量自身加 1(或减 1)。

例如：如果 i=1，则

```
x1=++i;    /*先 i 自身加 1 变为 2，再将 2 赋值给 x1，x1 的值为 2*/
x2=i++;    /*先将 i 的值赋值给 x2，x2 变为 1，然后 i 自身加 1 变为 2*/
```

【例 2.4】　自增自减运算。

程序如下：

```
#include <stdio.h>
main()
{
    int i=100;
    printf("%d\n",i);
    printf("%d\n",++i);          /*先 i 自身加 1, 变为 101,然后输出 i 的值*/
    printf("%d\n",i--);          /*先输出 i 的值 101, 然后 i 自身减 1, 变为 100*/
    printf("%d\n",i);
}
```

程序运行结果：

    100
    101
    101
    100

关于自增、自减运算符有以下几点说明：

(1) 自增自减运算只能用于变量,不能用于常量或表达式。例如, ++3、(a+5)++、--(x*y) 等都是错误的。

(2) 尽量避免连续使用同一变量进行自增或自减运算。

思考：假如 i=5, 则表达式(i++)+(i++)+(i++)的值是多少？表达式(++i)+(++i)+(++i) 值又是多少？

(3) 适当使用圆括号, 以免产生二义性。如：i+++j 形式可理解为(i++)+j, 亦可理解为 i+(++j),因此可通过加圆括号防止歧义。

2.4.3 关系运算符和关系表达式

1. 关系运算符

C 语言中关系运算符均为双目运算符, 包含 6 种： > (大于)、< (小于)、>= (大于等于)、<= (小于等于)、== (等于)和!= (不等于)。

关系运算符优先级由高到低依次是(>、<、>=、<=、)→(==、!=)。其中, 前 4 个优先级相同, 后 2 个相同, 前 4 个优先级高于后 2 个。另外, 所有关系运算符的优先级低于算术运算符。

注意：关系运算符中的等于是两个等号 "==", 一个等号 "=" 是赋值运算符。

2. 关系表达式

在表达式中使用关系运算符, 称为关系表达式。例如, a>b、a+b<=c、(x-y)!=(p-q)等。

关系表达式的结果是一个逻辑值, 即真或假。在 C 语言中用整数 "1" 表示逻辑真, "0" 表示逻辑假。例如, 1<2 为真, 结果为 1；7>=8 为假, 结果为 0。

2.4.4　逻辑运算符和逻辑表达式

1. 逻辑运算符

逻辑运算符有以下 3 个。

(1) &&：逻辑与，双目运算符，其含义为并且。

(2) ‖ ：逻辑或，双目运算符，其含义为或者。

(3) ！：逻辑非，单目运算符，其含义为否定。

对于逻辑运算符的优先级，其中逻辑非"！"最高，其次是逻辑与"&&"，逻辑或"‖"最低。与前面介绍的运算符优先级由高到低依次是!(逻辑非) > 算术运算符 > 关系运算符 > &&(逻辑与) > ‖(逻辑或)。

逻辑运算符运算规则如下，真值表如表 2.5 所示。其中，A 和 B 均为操作数，操作数可以是常量、变量或表达式。

(1) &&(逻辑与)：两个操作数都为真时，结果为真；只要有一个为假，结果为假。

(2) ‖(逻辑或)：两个操作数都为假时，结果为假；只要有一个为真，结果为真。

(3) !(逻辑非)：操作数为真时，结果为假；反之，操作数为假时，结果为真。

表 2.5　逻辑运算真值表

A	B	A && B	A‖B	!A	!B
真	真	真	真	假	假
真	假	假	真	假	真
假	真	假	真	真	假
假	假	假	假	真	真

2. 逻辑表达式

用逻辑运算符将一个或多个操作数连接起来，符合 C 语言语法规则的式子，称为逻辑表达式。例如，(a<=b)‖(d>=c)、(x>1)&&(y<1)、!(x==0)等。

逻辑表达式的结果也是一个逻辑值，即真或假。同样，在 C 语言中用整数"1"表示逻辑真，"0"表示逻辑假。

思考：逻辑表达式"(year % 4== 0) && (year % 100 ! = 0)‖ (year % 400==0)"的含义是什么？为了判断字符变量 ch 的值是字母，表达式应该如何书写？

关于逻辑表达式进行运算时的说明有以下几点：

(1) 对于逻辑与运算，如果第一个操作数为"假"，其他操作数不用判断，结果为假。

(2) 对于逻辑或运算，如果第一个操作数为"真"，其他操作数不用判断，结果为真。

例如，假设

        int a=1,b=2,c=3,d=4;

计算表达式"(a>b)&&(c<d)"时，因为"a>b"的值为假，对于逻辑与"&&"运算，整个表达式的结果为假，第二个操作数"c<d"根本不必进行计算。

2.4.5 赋值运算符和赋值表达式

1. 赋值运算

赋值运算符，即 "="，其功能是将赋值号右边表达式的值赋值给左边的变量。赋值运算符语法的一般格式为

变量=赋值表达式;

在 C 语言中，赋值运算符 "=" 前面加上一个双目运算符(算术运算符或位运算符)可构成复合赋值运算符。例如，+=、-=、*=、/=、%= 等，如表 2.6 所示。复合赋值运算符语法的一般格式为

变量 双目运算符=赋值表达式;

等价于

变量=变量 双目运算符 赋值表达式;

表 2.6 复合赋值运算符

复合赋值运算符	表达式举例	等价于
+=	x+=y	x=x+y
-=	x-=y	x=x-y
*=	x*=y	x=x*y
/=	x/=y	x=x/y
%=	x%=y	x=x%y

除以上 5 种复合算术运算符外，还有 5 种复合位运算符，分别是 &=、|=、^=、>>=、<<=。

2. 赋值表达式

用赋值运算符或复合赋值运算符将一个变量和一个表达式连接起来的式子，称为赋值表达式。例如，x=1、y+=x 等都是赋值表达式。其语法的一般格式为

变量 赋值运算符 表达式

关于赋值表达式有以下几点说明：

(1) 赋值运算符左边的操作数只能是变量，不能是常量或表达式。例如，1=1、(x+y)=3、(a+b)*=7 等都是不合法的赋值表达式。

(2) 当表达式值的类型与变量类型不一致时，系统自动将表达式的值转换成被赋值变量的数据类型后再赋值给变量。

(3) 赋值运算符的优先级在 C 语言的所有运算符中仅高于逗号运算符，结合性为自右向左。

(4) 对于复合赋值运算符，右边的表达式要作为一个整体与左边的变量进行运算。例如，x*=y+6 表示 x=x*(y+6)，而不是 x=x*y+6。

2.4.6 条件运算符和条件表达式

条件运算符 "?:" 是 C 语言中唯一的一个三目运算符。条件运算符的优先级高于赋值运算符，低于关系运算符、逻辑运算符和算术运算符，结合方向为自右向左。

由条件运算符和表达式组成的式子称为条件表达式。其语法的一般格式为

　　表达式 1？表达式 2：表达式 3

运算规则：计算"表达式 1"的值，如果"表达式 1"的值为真(非 0)，则运算结果等于"表达式 2"的值；如果"表达式 1"的值为假(0)，则运算结果等于"表达式 3"的值。

注意：表达式 1、表达式 2 和表达式 3 的类型可以各不相同，但"表达式 1"通常为关系表达式或逻辑表达式。

【例 2.5】　假设 a = 1，b = 2.0，则

```
a==1 ? a : -a                              /*结果为 1*/
(b<0) ? (b=-2) : (b=5)                      /*结果为 5*/
(a>1) ? ((b==1.0) ? 3 : 1) : ((b>=1) ?-1 : 1)   /*结果为-1*/
```

2.4.7　逗号运算符和逗号表达式

逗号运算符"，"可以将多个表达式连接起来构成逗号表达式。其语法的一般格式为

　　表达式 1，表达式 2，…，表达式 n

运算规则：从左到右依次计算各表达式的值，整个逗号表达式的值为最后一个表达式 n 的值。

思考：假设 a 是 int 型变量，其初值为 5，则逗号表达式"a+5,5*4, a+6"的值为 11。如果改写成(a=a+5,5*4), a+6，则 a 的值为多少呢？

2.4.8　位运算符

C 语言提供了 6 种位运算符，如表 2.7 所示。对于位运算，操作数需要先转换为二进制，然后再进行按位运算。

表 2.7　位　运　算　符

位运算符	名称	举例	含　　义
&	按位与	a & b	a 和 b 操作数对应的二进制位进行与运算，两者对应位均为 1 时才为 1，否则为 0
|	按位或	a | b	a 和 b 操作数对应的二进制位进行或运算，两者对应位均为 0 时才为 0，否则为 1
^	按位异或	a ^ b	a 和 b 操作数对应的二进制位进行异或运算，两者对应位相同时为 0，不同时为 1
~	按位取反	~a	a 操作数对应的二进制位进行按位取反运算，1 变成 0，0 变成 1
<<	按位左移	a << b	将 a 操作数对应的二进制位全部左移 b 位，高位丢弃，低位补 0
>>	按位右移	a >> b	将 a 操作数对应的二进制位全部右移 b 位，高位补 0，低位丢弃

【例 2.6】　按位与运算。

程序如下：

```
#include <stdio.h>
main()
```

```
    {
      int x=12,y=6,z;
      z=x&y;
      printf("x=%d,y=%d,z=%d\n",x,y,z);
    }
```

程序运行结果：

    x=12, y=6, z=4

程序分析：

$$
\begin{array}{r}
00001100 \\
\&\quad 00000110 \\
\hline
00000100
\end{array}
$$

【例 2.7】　按位异或运算。

程序如下：

```
    #include <stdio.h>
    main()
    {
      int x=12,y=6,z;
      z=x^y;
      printf("x=%d,y=%d,z=%d\n",x,y,z);
    }
```

程序运行结果：

    x=12, y=6, z=10

程序分析：

$$
\begin{array}{r}
00001100 \\
\wedge\quad 00000110 \\
\hline
00001010
\end{array}
$$

【例 2.8】　按位左移运算。

程序如下：

```
    #include <stdio.h>
    main()
    {
      int x=12,y;
      y=x<<2;
      printf("x=%d,y=%d\n",x,y);
    }
```

程序运行结果：

    x=12, y=48

程序分析：

$$
\begin{array}{r}
<<2\ 位\quad 00001100 \\
\hline
00110000
\end{array}
$$

高位丢弃　　低位补 0

2.5　数据类型转换

不同数据类型之间可以进行混合运算，并且数据类型之间是可以相互转换的，转换的方法有两种，一种是自动转换，另一种是强制转换。

1. 自动类型转换

自动类型转换由系统自动完成，转换规则如图 2.3 所示。

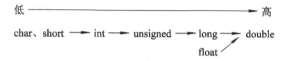

图 2.3　自动类型转换规则

自动类型转换规则的内容主要有以下几方面：

(1) 若参加运算的操作数类型不同，则先转换成同一类型，然后再进行计算。

(2) 转换按数据长度增加的方向进行，以确保精度不降低。例如，若进行 int 型操作数和 long 型操作数运算时，先把 int 型转成 long 型后再进行计算。

(3) 进行 char 型操作数和 short 型操作数运算时，必须先转换成 int 型再进行计算。

(4) 所有的浮点运算都是以 double 进行的，因此即使是 float 型也要先转换成 double 型再进行计算。

(5) 在赋值运算中，如果赋值号两边运算量的数据类型不同，则将赋值号右边运算量的类型转换为左边运算量的类型。如果右边运算量的数据类型长度比左边的长，那么将会丢失一部分数据。

【**例 2.9**】　自动类型转换举例。

程序如下：

```
#include <stdio.h>
main()
{
    float x=2.1345;
    int sum,y=5;
    sum=x+x*y;
    printf("sum=%d\n",sum);
}
```

程序运行结果：

```
sum=12
```

程序分析：

(1) 第 6 行表达式"x+x*y"中，x 为单精度实数，y 为整型，计算表达式的值时，应遵循转换规则(4)，将 x 和 y 都转换成 double，结果也为 double。

(2) 第 6 行赋值语句"sum=x+x*y;"中，由于 sum 为整型，表达式"x+x*y"的结果为

double，遵照转换规则(5)，将赋值号右边的类型 double 转换为左边的类型 int，因此舍去小数部分，结果仍为整型。

2．强制类型转换

强制类型转换是将一种类型强制转换为另一种类型，其语法的一般格式为

　　(数据类型名) (表达式)

例如：

　　(int)a　　　　　　/*将 a 转换成 int 型*/

　　(double)(x+y)　　/*将 x+y 的和转换成 double 型*/

注意：

(1) 数据类型名和表达式都必须加括号，如果表达式为一个变量，则不需要加括号。例如，(double)(x+y)不要写成(double)x+y，两者所表达的含义是不同的。前者表示把(x+y)强制转换为 double 类型，后者表示把 x 强制转换为 double 类型，然后再与 y 相加。

(2) 无论是强制转换或自动转换，均是为了需要而作的临时性转换，并不改变原来的变量和表达式的类型。

习　题　2

一、填空题

1．若有定义"int x=1,y=1;"，则表达式(!x||y--)的值是_____。

2．执行下列语句后，a 的值是_____。

　　int a = 3; a += a-= a * a;

3．假设所有变量均为整型，则表达式(a=2,b=5,a++,b++,a+b)的值为_____。

4．若有定义"int x=3,y=2;float a=2.5,b=3.5;"，则表达式(x+y)%2+(int)a/(int)b 的值为_____。

5．设 a、b、c、d、m、n 均为 int 型变量，且 a=5、b=6、c=7、d=8、m=2、n=2，则逻辑表达式(m=a>b)&&(n=c>d)的值为_____。

6．以下程序的输出结果是_____。

```
#include <stdio.h>
main()
{
    int i=010, j=10;
    printf("%d,%d\n",++i, j--);
}
```

7．以下程序的输出结果是_____。

```
#include <stdio.h>
main()
{
```

```
    int y=3, x=3, z=1;
    printf("%d, %d\n", (++x,y++), z+2);
}
```

8. 以下程序的输出结果是_____。

```
#include <stdio.h>
main()
{
    int a=3,b=2,c=5,d;
    printf("%d\n", d=a>b?(a>c?a:c):(b));
}
```

二、单项选择题

1. 以下选项不属于字符常量的是(　　)。
   A. 'C'   B. '\xCC'
   C. "C"   D. '\072'

2. 下列选项中，正确的整型常量是(　　)。
   A. 34.1   B. −80
   C. 2,000   D. '\072'

3. 在 C 语言中定义了一个变量，该变量代表内存中的一个(　　)。
   A. 区域   B. 单元
   C. 容量   D. 地址

4. 下列选项中，正确的定义语句是(　　)。
   A. double a;b;   B. double a=b=3;
   C. double a=3,b=3;   D. double, a,b;

5. 设变量已正确定义并赋值，以下合法的赋值语句是(　　)。
   A. x=y==5;   B. x=n%3.5;
   C. x+n=y;   D. x=3=1+2;

6. 设变量已正确定义为整型，则表达式 n=i=2,i=n+1,i+n 的值为(　　)。
   A. 2   B. 3
   C. 4   D. 5

7. 现有定义 "int a; double b; float c; char k;"，则表达式 a/b+c−k 的值的类型为(　　)。
   A. int   B. double
   C. float   D. char

8. 以下选项中，与 k=n++ 完全等价的表达式是(　　)。
   A. k=n, n=n+1   B. n=n+1, k=n
   C. k=++n   D. k+=n+1

9. 若已定义 x 和 y 为 double 类型，则表达式 x=1,y=x+3/2 的值是(　　)。
   A. 1   B. 2
   C. 2.0   D. 2.5

10. 以下程序的输出结果为(　　　)。

```c
#include <stdio.h>
main()
{
    int i=4,a;
    a=i++;
    printf("a=%d,i=%d",a,i);
}
```

A．a=4, i=4   B．a=5, i=4

C．a=4, i=5   D．a=5, i=5

第 3 章　顺序结构程序设计

教学目标 ✐

➢ 了解程序控制的三种结构；
➢ 掌握赋值语句的使用；
➢ 熟悉格式输入输出函数的用法。

3.1　程序控制的三种基本结构

C 语言是结构化程序设计语言，主要有顺序结构、选择结构和循环结构三种。任何算法功能都可以由这三种基本程序结构来实现。

3.1.1　结构化算法

1. 程序

程序是由软件开发人员根据用户需求设计的、用程序设计语言描述的指示计算机执行操作的一组指令序列。程序一般包括两个方面：数据结构(对数据的描述)和算法(对操作的描述)。因此程序可以用公式来描述：程序=数据结构+算法。其中，算法是程序设计的核心部分。

2. 算法

为解决一个特定的问题而采取的方法和步骤称为算法。可以把某个相对复杂的活动分解成为若干个相对简单的部分。例如，描述网上购物活动的步骤为：首先买家在网上购物平台选购好商品，放入购物车，然后用网上银行或支付宝付款，卖家收到购买订单后联系物流公司发货，最后买家收到商品后确认并评价。

3. 算法的描述

描述算法的方法有多种，常用的有自然语言、传统流程图、N-S 结构图等。

(1) 自然语言：人们日常使用的语言，通俗易懂，通常是指一种自然地随文化演化的语言。

(2) 传统流程图：传统流程图由一些图形框和流程线组成，如图 3.1 所示。其中图形框表示各种操作的类型，图形框中的文字和符号表示操作的内容，流程线表示操作的顺序和操作流向。

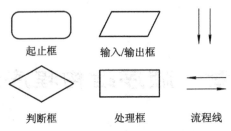

图 3.1   传统流程图符号

起止框：表示程序的开始或结束。

输入输出框：表示输入或输出数据。

判断框：表示按照给定的条件进行判断，根据条件是否成立来决定后续操作。判断框中写入判断条件，并引出两条或多条流程线表示进行不同的处理。

处理框：表示基本处理操作。

流程线：表示程序的执行流向，用于连接各流程图符号。

【例 3.1】   用传统流程图描述输入的数据是否大于 0。流程图如图 3.2 所示。

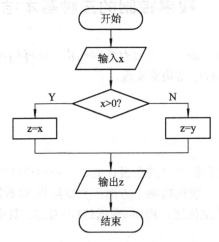

图 3.2   例题 3.1 的流程图

程序分析：

① 前后两个椭圆分别表示开始和结束，平行四边形表示输入输出，菱形用于条件判断，矩形表示处理语句。

② 判断条件 "x>0" 后有两个分支，Y 表示如果条件成立，则执行左边分支语句；N 表示如果条件不成立，则执行右边分支语句。

(3) N-S 结构图：其符号如图 3.3 所示。

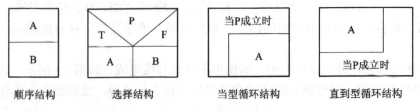

图 3.3   N-S 结构图符号

【例 3.2】　用 N-S 结构图描述输入的数据是否大于 0。其 N-S 结构图如图 3.4 所示。

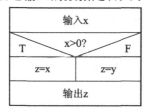

图 3.4　例题 3.1 的 N-S 结构图

3.1.2　程序的三种基本结构

1. 顺序结构

顺序结构是最简单的程序结构，它按照语句出现的先后顺序由上向下依次执行。顺序结构流程图如图 3.5 所示，先执行语句块 A，再执行语句块 B。

2. 选择结构

选择结构又称为分支结构，即根据给定的条件选择执行其中一个分支。选择结构有三种，即单分支、双分支和多分支选择结构，分别如图 3.6、图 3.7、图 3.8 所示。

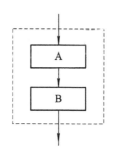

图 3.5　顺序结构流程图

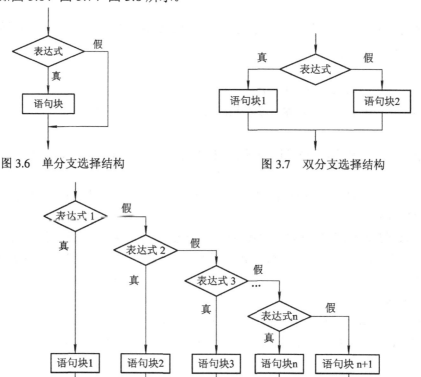

图 3.6　单分支选择结构　　　图 3.7　双分支选择结构

图 3.8　多分支选择结构

3. 循环结构

循环结构根据条件来决定循环体是否反复执行。按照循环控制条件出现的位置，可将其分为当型和直到型两种循环结构。

(1) 当型循环：首先判断条件，当条件表达式为真时，反复执行循环语句，直到条件为假时终止循环，如图 3.9 所示。

(2) 直到型循环：先执行循环语句，然后再判断条件是否成立。如果条件表达式为真，则继续执行循环语句，直到条件为假时，跳出循环，如图 3.10 所示。

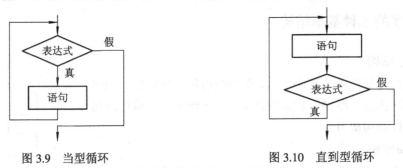

图 3.9　当型循环　　　　　　　　图 3.10　直到型循环

3.2　赋 值 语 句

在顺序结构中常见的语句是赋值语句，由赋值表达式加分号构成。其一般形式为

变量=表达式;

例如：

a=8;　　　/*将变量 a 赋值为 8*/

c=a+b;　　/*将表达式 a+b 的值赋给变量 c*/

说明：

(1) 赋值语句左侧只能是变量，右侧的表达式可以是常量、变量、数组元素、函数或其他表达式。

(2) 赋值号 "=" 是一个运算符，与关系运算符 "==" 是有区别的，后者用于判断运算符左右两边是否相等。

(3) 赋值运算符 "=" 右边的表达式可以是其他表达式，从而构成嵌套形式，即 "变量=(变量=表达式);"，其展开后的一般形式为 "变量=变量=…=表达式;"，此写法是正确的。

例如：

a=b=c=d=1;

(4) 赋值语句允许连续赋值，而在变量声明中，不允许连续给多个变量赋初值。

例如："int a=b=c=d=1;" 是错误的，必须写为 "int a=1,b=1,c=1,d=1;"。

3.3　格式输入输出函数

C 语言本身并不提供输入输出语句，输入输出是由函数实现的。在 C 标准函数库中常用的输入输出函数有：格式输出函数 printf()、格式输入函数 scanf()、字符输出函数 putchar() 和字符输入函数 getchar()等。

在使用 C 语言库函数时，要用"#include"命令将有关的"头文件"包括到用户源文件中，这些"头文件"包含了程序中调用函数的有关信息。例如，使用标准输入输出库函数要用到"stdio.h"文件，"#include"命令都是放在程序的开头，这类文件被称为"头文件"。常用的头文件及功能说明如表 3.1 所示。

表 3.1　常用头文件及功能说明

头文件	功能说明
stdio.h	标准输入输出函数
math.h	数学函数
ctype.h	字符处理函数
string.h	字符串处理函数
conio.h	屏幕处理函数
time.h	日期与时间函数
stdlib.h	动态存储分配函数

因此，在调用输入输出库函数时，文件开头应包含以下命令：

```
#include <stdio.h>
```

或

```
#include "stdio.h"
```

3.3.1　格式输出函数 printf()

格式化输出函数 printf()的功能是按照指定的格式向计算机的终端(一般是显示器)输出若干任意类型的数据。其语法的一般格式为

```
printf("格式控制字符串", 输出列表);
```

例如：

```
printf("How are you? ");          /*输出字符串 How are you?*/
printf("%d ", a);                 /*按十进制整数形式输出 a 的值*/
```

1. 格式控制字符串

格式控制字符串是由双引号括起来的字符串，用于指定输出的格式。它由格式转换说明符、控制字符和普通字符组成。

(1) 格式转换说明符。格式转换说明符是以"%"开头，在"%"后面跟有各种格式字符，以说明输出数据的类型、形式、长度和小数位数等。例如："%d"表示按十进制整型输出；"%c"表示按字符型输出；"%f"表示按实型数据输出，且默认小数位数为 6 位。常用的 printf 函数的格式说明符如表 3.2 所示。

表 3.2　常用的 printf 函数的格式说明符

格式符	功 能 说 明
%d, %i	以带符号的十进制形式输出整数
%u	以无符号的十进制形式输出整数
%o	以无符号的八进制形式输出整数
%x, %X	以无符号的十六进制形式输出整数
%c	输出一个字符
%s	输出字符串
%f	输出小数形式的实数，默认为 6 位小数
%e, %E	输出指数形式的实数

另外，在格式转换说明符中，还可在"%"符号与格式字符间插入附加格式说明符，如表 3.3 所示。

表 3.3　常用的 printf 函数的附加格式说明符

附加字符	功 能 说 明
l	用于长整型，可加在格式符 d、o、x、u 的前面
m(代表一个正整数)	数据最小宽度，若数据实际宽度大于 m，则按实际宽度输出；若实际宽度小于 m，则在前面补 0 或空格
n(代表一个正整数)	若为实数，则表示输出 n 位小数；若为字符串，则表示从左截取的字符个数
+	输出的数字前带有正负号
−	输出的数据左对齐，默认为右对齐

(2) 控制字符。控制字符即转义字符，用于控制键盘上的动作。以反斜杠"\"开头，后面跟一个或多个字符，常用的控制字符如第 2 章表 2.2 中的换行符"\n"、横向跳到下一个制表位置符"\t"等。

(3) 普通字符。普通字符是需要照原样输出的字符，一般用来描述输出结果。其中包括双引号内的逗号、等号、空格、普通字母、汉字等。

例如：

```
printf("a+b+c=%d,x=%c", 30,97);
```

输出结果：

```
a+b+c=30,x=a
```

2. 输出列表

输出列表中列出的是需要输出的数据项，各数据项之间以","分隔，可以是变量、常量或表达式。

3. 使用 printf 函数的几点说明

(1) 输出列表中的各个输出项要求和格式转换说明符在数量、顺序和类型上保持一一对应和匹配。

(2) 当多个输出项为表达式时，一般先按从右到左的顺序计算各表达式的值，然后再按从左到右的顺序输出结果。

(3) 格式转换说明符与输出列表中参数不一致时可能产生错误。如果格式转换说明符中的数目多于输出列表中的参数个数，则会输出错误数据；如果格式转换说明符中的数目少于输出列表中的参数个数，则多出的参数不被输出。

例如：

```
#include <stdio.h>
main()
{
    int x=10,y=20;
    float t=234.221;
    printf("%d,%d\n",x);     /*第二个格式转换说明符%d 没有对应的输出参数，则输出错误数据*/
    printf("%d,%f\n",x,t,y); /*多余的参数 y 不被输出*/
}
```

输出结果：

```
10,0
10,234.221000
```

【例 3.3】 printf()函数的简单应用。

程序如下：

```
#include <stdio.h>
main()
{
    int a=97,b=98;
    printf("%d,%d\n",a,b);          /*以十进制形式输出 a, b*/
    printf("%c,%c\n",a,b);          /*以字符形式输出 a, b*/
    printf("a=%d,b=%d\n",a,b);
}
```

程序运行结果：

```
97,98
a,b
a=97,b=98
```

程序分析：

(1) 第 5 行 printf 函数中"%d"表示以十进制形式输出 a、b；","为普通字符，以原样输出。

(2) 第 6 行 printf 函数中"%c"表示以字符形式输出 a、b，ASCII 码为 97、98，对应的字符分别是 a 和 b。

(3) 第 7 行 printf("a=%d,b=%d\n",a,b)中"a="和"b="都是普通字符，照原样输出。

【例 3.4】 使用 printf()函数输出数值型数据。

程序如下：

```
#include <stdio.h>
main()
{
    int a=10,b=256,c=1024;
    float e=1234.567;
    printf("%d,%d,%d\n",a,b,c);
    printf("%6d,%6d,%6d\n",a,b,c);          /*数据的最小宽度为 6*/
    printf("%o,%o,%o\n",a,b,c);             /*以八进制形式输出 a、b*/
    printf("%f,%8.2f,%-8.2f\n",e,e,e);
}
```

程序运行结果：

  10,256,1024

  ␣␣␣␣10, ␣␣␣256, ␣␣1024

  12,400,2000

  1234.567017,␣1234.57,1234.57

程序分析：

(1) 第 7 行 printf 函数中 "%6d" 表示数据的最小宽度，即输出的数据占 6 列，若宽度小于 6，则以空格补齐。

(2) 第 8 行 printf 函数中 "%o" 表示以八进制形式输出数据 a、b、c。

(3) 第 9 行 printf 函数中 "%8.2f" 表示数据的最小宽度为 8，输出 2 位小数，靠右对齐；"%-8.2f" 中加了负号，表示向左对齐。

【例 3.5】 使用 printf()函数输出字符型数据。

程序如下：

```
#include <stdio.h>
main()
{
    char ch='A';
    printf("%c,%d,%c\n",ch,ch,ch+32);
    printf("the string is:%s\n","student");
    printf("the string is:%10s\n","student");      /*字符串的最小宽度为 10*/
    printf("the string is:%-10s\n","student");      /*字符串向左对齐*/
    printf("the string is:%10.2s\n","student");      /*取部分字符串*/
    printf("the string is:%-10.2s\n","student");
}
```

程序运行结果：

  A,65,a

  the string is: student

  the string is: ␣␣␣student

  the string is: student

the string is: □□□□□□□□st

the string is: st

程序分析：

(1) 第 7 行 printf 函数中"%10s"表示输出的字符串占 10 列，若字符串实际宽度大于10，则按实际宽度输出；若字符串实际宽度小于 10，则以空格补齐。

(2) 第 8 行 printf 函数中"%-10s"表示输出的字符串占 10 列，向左对齐。

(3) 第 9 行 printf 函数中"%10.2s"表示输出的字符串占 10 列，但只取字符串左端 2个字符，输出的字符位于右侧，左边以空格补齐。

(4) 第 10 行 printf 函数中"%-10.2s"表示输出的字符串占 10 列，但只取字符串左端 2个字符，输出的字符位于左侧，右边以空格补齐。

3.3.2　格式输入函数 scanf()

格式输入函数 scanf()的功能是按照指定的格式从键盘上输入任意类型的数据。其语法的一般格式为

scanf("格式控制字符串", 地址列表);

例如：

scanf("%d,%d,%d",&a,&b,&c);

1．格式控制字符串

格式控制字符串与 printf 函数中的"格式控制字符串"作用相同，也由双引号括起来，以"%"字符开始，以一个格式字符结束，中间可以插入附加说明字符。常用的 scanf 函数的格式说明符如表 3.4 所示。

表 3.4　常用的 scanf 函数的格式说明符

格式符	功 能 说 明
%d、%i	以带符号的十进制形式输入整数
%u	以无符号的十进制形式输入整数
%o	以无符号的八进制形式输入整数
%x、%X	以无符号的十六进制形式输入整数
%c	输入一个字符
%s	输入字符串
%f	输入小数形式的实数
%e、%E	输入指数形式的实数

同样，还可在"%"符号与格式字符间插入附加格式说明符，如表 3.5 所示。

表 3.5　常用的 scanf 函数的附加格式说明符

附加字符	功 能 说 明
L 或 l	输入长整型，可加在格式符 d、o、x、u 的前面； 输入 double 型，可加在格式符 f 或 e 的前面
h	输入短整型，可加在格式符 d、o、x、i 的前面
m	表示输入数据所占宽度(实型数据除外)
*	表示指定的输入项在读入后不赋值给相应的变量

2．地址列表

地址列表中的地址是由地址运算符"&"后跟变量名组成的，变量地址之间以逗号"，"分隔。用户不必关心具体的地址是多少，直接使用即可。

例如：

```
scanf("%d,%d,%d",&a,&b,&c);
```

其中，&a、&b、&c 分别表示变量 a 的地址、变量 b 的地址和变量 c 的地址。

3．使用 scanf()函数的注意事项

使用 scanf()函数时应注意以下几点：

(1) scanf 函数地址列表中必须给出变量的地址，如果给出变量名则出错。例如：

```
scanf("%d,%d",a,b);
```

这是非法的。应改为

```
scanf("%d,%d",&a,&b);
```

对于这种情况只有数组例外，具体见第 6 章。

(2) 对于实型数据，使用 scanf 函数输入时不能控制其精度。例如：

```
scanf("%10.2f",&a);
```

是非法的。

(3) 如果"格式控制字符串"中有非格式字符，则输入数据时也要在对应的位置输入该非格式字符。例如：

```
scanf("%d,%d,%d",&a,&b,&c);
```

其中使用了非格式字符"，"，因此输入时应为

1,2,3✓

又如：

```
scanf("a=%d,b=%d",&a,&b);
```

输入时应为

a=8,b=9✓

(4) 如果"格式控制字符串"中没有非格式字符，则认为输入的字符均为有效字符，包括空格和转义字符。例如：

```
scanf("%c%c%c",&a,&b,&c);
```

如果输入"a␣b␣c✓"，则表示把字符"a"赋给字符变量 a，空格"␣"赋给字符变量 b，字符"b"赋给字符变量 c。只有当输入为"abc"时，才能将字符"a"赋给字符变量 a，"b"赋给字符变量 b，"c"赋给字符变量 c。

(5) 输入多个数值型数据时，若"格式控制字符串"中没有非格式字符间隔，则可使用空格键、Tab 键或 Enter 键间隔。C 编译系统在遇到空格键、Tab 键、Enter 键或非法数据 (若使用"%d"对应输入"8C"时，C 为非法数据)时则认为该数据输入结束。

例如：

```
scanf("%d%d%d",&a,&b,&c);
```

表示以十进制形式输入 3 个数，输入数据之间可以用空格键、Tab 键或 Enter 键间隔。

合法的输入形式如下：

① 1␣2␣3↙

② 1↙

　　2↙

　　3↙

③ 1(按 Tab 键)2(按 Tab 键)3(按 Tab 键)

④ 1(按 Tab 键)2(按 Tab 键)3↙

⑤ 1(按 Tab 键)2↙

　　3↙

而若输入为

　　　　1,2,3↙

则是非法的。

　　又如：

　　　　scanf("%d%c%d",&a,&b,&c);

若输入为

　　　　97d456e78↙

则表示将 97 赋给 a，字符"d"赋给 b，456 赋给 c。

　　分析：scanf 函数中第一个"%d"格式对应输入的数据 97，第二个"c%"格式对应输入的一个字符"d"，第三个"%d"格式本应对应输入的数据 456e78，但由于遇到非法数据 e，就认为该数据输入结束，因此此时将 456 赋给变量 c。

　　(6) 若在格式控制符中出现"%*"，scanf 函数读入对应的值后不赋给相应的变量，即跳过该输入值。

　　例如：

　　　　scanf("%d %*d %d",&a,&b);

　　如果输入为

　　　　7　8　9↙

则表示把 7 赋值给 a，9 赋值给 b，8 被跳过。

3.4　字符输入输出函数

3.4.1　字符输出函数 putchar()

　　字符输出函数 putchar()的功能是向计算机的终端(一般是显示器)输出一个字符。其语法的一般格式为

　　　　putchar(c);

其中，c 可以是字符常量或字符变量。

　　例如：

　　　　putchar('A');　　　/*输出大写字母 A*/

　　　　putchar(97);　　　　/*输出小写字母 a，即 ASCII 码为 97 对应的字符*/

【例 3.6】 putchar()函数的应用。

程序如下：

```
#include <stdio.h>
main()
{
    char x,y,z;
    int t;
    x='A';
    y='B';
    z='C';
    t=97;
    putchar(x);
    putchar(y);
    putchar(z);
    putchar('\n');        /*输出一个换行符*/
    putchar(t);
    putchar(t-32);
}
```

程序运行结果：

ABC

aA

程序分析：

(1) putchar('\n')用于输出一个换行符。putchar()函数除了可以输出普通字符，还可输出转义字符。

(2) 若 c 为整型，则输出其 ASCII 码值对应的字符。

3.4.2 字符输入函数 getchar()

字符输入函数 getchar()的功能是从键盘上输入一个字符。其语法的一般格式为

    getchar();

例如：

    char ch;
    ch= getchar();   /*将输入的字符赋值给字符变量*/

getchar()函数也可与 putchar()函数一起使用，又如：

    putchar(getchar());   /*输出从键盘上输入的一个字符*/

【例 3.7】 getchar()函数的应用。

程序如下：

```
#include <stdio.h>
main()
```

```
    {
        char ch1,ch2;
        ch1=getchar();
        ch2=getchar();
        putchar(ch1);
        putchar(ch2);
    }
```

程序运行结果：

　　AB✓

　　AB

注意：

(1) getchar()函数没有参数。

(2) getchar()函数只能用于输入一个字符。

(3) 在使用 putchar()和 getchar()函数前，必须使用文件包含命令#include <stdio.h>。

3.5　程序设计综合实例

【例 3.8】　从键盘上输入某名学生三门课(语文、数学、外语)的考试成绩，计算出该学生总成绩和平均成绩(保留 2 位小数)。

程序如下：

```
        #include <stdio.h>
        main()
        {
            float a,b,c,sum,average;
            printf("请输入该名学生语文、数学和外语成绩：\n");
            scanf("%f,%f,%f",&a,&b,&c);          /*输入三门课成绩*/
            sum=a+b+c;                           /*计算总成绩*/
            average=sum/3;                       /*计算平均成绩*/
            printf("总成绩:%5.2f,平均成绩:%5.2f\n",sum,average);    /*输出总成绩和平均成绩*/
        }
```

程序运行结果：

　　请输入该名学生语文、数学和外语成绩：

　　85.5,97.5,88.5✓

　　总成绩:271.50,平均成绩:90.50

【例 3.9】　将大写字母转换成小写字母，并输出其对应的 ASCII 码。

分析： 大写字母与小写字母的 ASCII 码之间相差 32。

程序如下：

```
#include <stdio.h>
main()
{
    char ch1,ch2;
    printf("Please input the capital letter:\n");
    ch1=getchar();        /*输入大写字母*/
    ch2=ch1+32;           /*将大写字母转化为小写字母*/
    printf("the capital letter:%c,the lowercase letter:%c\n",ch1,ch2);
    printf("the capital letter's ASCII:%d,the lowercase letter's ASCII:%d\n",ch1,ch2);
}
```

程序运行结果：

Please input the capital letter:

A✓

the capital letter:A, the lowercase letter:a

the capital letter's ASCII:65, the lowercase letter's ASCII:97

【例 3.10】　从键盘上输入三角形的三条边长，计算三角形的面积。

分析：假设 a、b、c 为三角形的三条边长，令 s=(a+b+c)/2，则三角形面积公式为

$$area=\sqrt{s(s-a)(s-b)(s-c)}$$

程序如下：

```
#include <stdio.h>
#include <math.h>
main()
{
    float a, b, c, s, area;
    scanf("%f,%f,%f",&a,&b,&c);      /*输入三角形的三条边长*/
    s=(a+b+c)/2;
    area=sqrt(s*(s-a)*(s-b)*(s-c));  /*计算三角形的面积*/
    printf("area=%f\n",area);
}
```

程序运行结果：

6.5,7.6,8.7✓

area=23.939998

程序分析：

(1) 程序中使用了数学函数 sqrt()，因此程序开头必须包含#include <math.h>命令。

(2) 第 9 行 printf 函数中"%f"表示输出的数据小数位数默认为 6 位。

习　题　3

一、填空题

1. C 语言中标准输入输出函数所在的头文件是＿＿＿＿＿＿。

2. 假设 "float x=1.2345678;"，则 printf("%f\n",x)的输出结果是＿＿＿＿＿＿。

3. 如果要在程序中使用数学函数，则在程序开头必须输入语句＿＿＿＿＿＿。

4. 执行以下程序时，如果输入 321,456，程序的运行结果为＿＿＿＿＿＿。

```
#include <stdio.h>
main()
{
    int x,y;
    scanf("%d,%d",&x,&y);
    printf("%2d,%6d",x,y);
}
```

5. 以下程序的输出结果是＿＿＿＿＿＿。

```
#include <stdio.h>
main()
{
    int a=65,b=97;
    char c1='A',c2='a';
    printf("%c,%c,%d,%d",a,b,c1,c2);
}
```

二、单项选择题

1. 以下能正确将 a 和 b 赋初值 1 的语句是（　　）。

　　A．a=b=1　　　　　　　　　B．int a=1,b=1;
　　C．int a,b=1;　　　　　　　D．int a=b=1;

2. 程序段为 int x=12;double y=3.141593; 时，printf("%d%8.6f",x,y);的输出结果是（　　）。

　　A．12.3141593　　　　　　　B．□□□□□□123.141593
　　C．12,3.141593　　　　　　　D．123.141593

3. 若有定义 "int a,b;"，则用语句 scanf("%d%d",&a,&b); 输入 a 和 b 的值时，不能作为数据分隔符的是（　　）。

　　A．,　　　　B．空格　　　　C．回车　　　　D．Tab 键

4. 以下选项不是 C 语句的是（　　）。

　　A．;　　　　B．a=1,b=3　　　C．int a=1;　　　D．printf("%d",a);

5. 以下程序的输出结果为（　　）。

```
#include <stdio.h>
main()
{
    int a=10,b;
    b=a++<10?a+10:a+20;
    printf("%d,%d",a,b);
}
```
  A. 10,30   B. 11,30   C. 11,31   D. 10,31

三、编程题

  1. 从键盘上输入一个华氏温度,输出对应的摄氏温度。已知华氏温度转为摄氏温度的公式为 C=5(F−32)/9。

  2. 从键盘上输入长方形的长和宽,求长方形的周长和面积。

  3. 从键盘上输入一个小写字母,显示这个小写字母,以及它对应的大写字母和大小写字母的 ASCII 码。

第 4 章　选择结构程序设计

教学目标 ✍

> 掌握 if 语句的用法;
> 掌握 switch 语句的用法;
> 学会使用选择结构程序设计。

选择结构又称为分支结构，是一种常见的程序控制结构。在日常生活中，如果天气晴朗，就可以去郊游；如果考试不及格，就要参加补考。即根据条件进行判断，然后依据判断的结果进行相应的情况处理。

在 C 语言程序中，选择结构分为两类：

(1) if 选择结构：根据条件进行判断，选择执行不同的分支语句。

(2) switch 选择结构：计算表达式的值，然后进行判断，选择执行多分支中的一个分支。

4.1　if 语　句

if 语句是最常用的实现选择结构的语句，它是通过对表达式进行判断，再根据判断的结果决定是否执行某项操作的。

4.1.1　if 语句的三种形式

if 语句分为三种形式，单分支选择结构、双分支选择结构和多分支选择结构。

1. 单分支选择结构

单分支结构是最简单的选择结构，其语法的一般格式为

　　　　if(表达式) 语句;

或者

　　　　if(表达式)
　　　　{
　　　　　　语句块;
　　　　}

执行流程：if 后面括号中的表达式是要判断的条件，如果表达式的值为真，则执行后面的语句或语句块；如果表达式的值为假，则不会执行后面的语句或语句块。对于一条语

句，不需要加大括号，若有多条语句，则需要用{}括起来，从而形成复合语句。单分支选择结构的执行流程如图 4.1 所示。

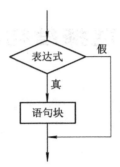

图 4.1　单分支选择结构的执行流程

【例 4.1】　编写一个程序，从键盘上输入两个整数，比较它们的大小，并按照从小到大的顺序输出。

分析：两个数比较大小时，如果进行交换，必须借助第三个中间变量。

程序如下：

```c
#include <stdio.h>
main()
{
    int int1,int2,t;
    printf("请输入两个整数：\n");
    scanf("%d,%d",&int1,&int2);
    if(int1>int2)
    {
        t=int1;
        int1=int2;          /*两个数交换需借助第三个变量 t*/
        int2=t;
    }
    printf("%d,%d\n",int1,int2);
}
```

程序运行结果：

请输入两个整数：

99,78↙

78,99

【例 4.2】　编写一个程序，从键盘上输入三个数，并按照从小到大的顺序输出。

分析：一共比较三次。

第一次比较：如果 a>b，将 a 和 b 交换。

第二次比较：如果 a>c，将 a 和 c 交换，两次比较后 a 为最小数。

第三次比较：如果 b>c，将 b 和 c 交换，得到较小数和最大数。

程序如下：

```c
#include <stdio.h>
main()
{
    float a,b,c,t;
    printf("请输入三个数：\n");
    scanf("%f,%f,%f",&a,&b,&c);
    if(a>b)
    {
        t=a;
        a=b;          /*a 和 b 比较后交换*/
        b=t;
    }
    if(a>c)
    {
        t=a;
        a=c;          /*a 和 c 比较后交换*/
        c=t;
    }
    if(b>c)
    {
        t=b;
        b=c;          /*b 和 c 比较后交换*/
        c=t;
    }
    printf("排序后结果为：%5.2f,%5.2f,%5.2f\n",a,b,c);
}
```

程序运行结果：

请输入三个数：

123.67,98.75,76.34✓

排序后结果为：76.34, 98.75, 123.67

思考： 如果将例题中的要求改为按照从大到小的顺序输出，程序如何变动？

2. 双分支选择结构

双分支结构语法的一般格式为

```
if(表达式)
{
    语句块 1;
}
else
```

```
    {
        语句块 2;
    }
```

执行流程：if 后面括号中的表达式是要判断的条件，如果表达式的值为真，则执行语句块 1；如果表达式的值为假，则执行语句块 2。双分支选择结构的执行流程如图 4.2 所示。

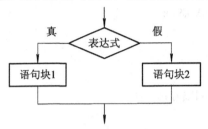

图 4.2　双分支选择结构的执行流程

【例 4.3】　编写一个程序，从键盘上输入 1 到 100 以内的整数，判断是奇数还是偶数。

分析： 判断是否为偶数，只需要将该数对 2 取余数即可，如果余数是 0，则为偶数；否则，该数是奇数。

程序如下：

```c
#include <stdio.h>
main()
{
    int m;
    printf("请输入 1～100 以内的一个整数： \n");
    scanf("%d",&m);
    if(m%2==0)
    {
        printf("%d is a even number.\n",m);        /*输出偶数*/
    }
    else
    {
        printf("%d is an odd number.\n",m);        /*输出奇数*/
    }
}
```

程序运行结果：

```
请输入 1～100 以内的一个整数：
99↙
99 is an odd number.
```

3．多分支选择结构

多分支结构用于多种条件判断，其语法的一般格式为

```
    if(表达式 1)
```

```
    {语句块 1;}
      else if (表达式 2)
       {语句块 2;}
         else if (表达式 3)
          {语句块 3;}
           …
            else if (表达式 n)
             {语句块 n;}
              else
               {语句块 n+1;}
```

　　执行流程：if 后面括号中的表达式是要判断的条件，首先计算表达式 1 的值，如果为真，则执行语句块 1；否则(表达式 1 的值为假)计算表达式 2 的值，如果为真，则执行语句块 2；否则(表达式 2 的值为假)计算表达式 3 的值，如果为真，则执行语句块 3；以此类推。如果表达式 1、表达式 2、…、表达式 n 的值都为假，则执行语句块 n+1。多分支选择结构的执行流程如图 4.3 所示。

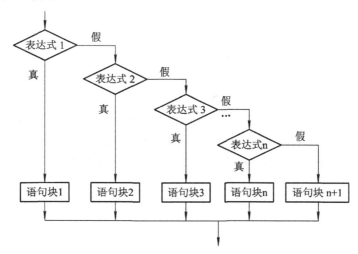

图 4.3　多分支选择结构的执行流程

　　【例 4.4】　编写一个程序，从键盘上输入学生期末考试成绩，若成绩为 90～100 分，则输出"优秀"，若为 80～89 分，则输出"良好"；若为 70～79 分，则输出"中等"；若为 60～69 分，则输出"及格"；若为 0～59 分，则输出"不及格"。
　　程序如下：

```
#include <stdio.h>
main()
{
    float score;
    printf("请输入学生期末考试成绩(0～100)：\n ");
    scanf("%f", &score);
    if(score>=90&&score<=100)
```

```
    printf("优秀!\n ");
else if(score>=80&&score<=89)
    printf("良好!\n ");
else if(score>=70&&score<=79)
    printf("中等!\n ");
else if(score>=60&&score<=69)
    printf("及格!\n ");
else
    printf("不及格!\n");
}
```

程序运行结果：

请输入学生期末考试成绩(0～100)：

97↙

优秀!

请输入学生期末考试成绩(0～100)：

75↙

中等!

请输入学生期末考试成绩(0～100)：

56↙

不及格!

注意：当多分支中有多个表达式同时满足时，只执行第一个与之匹配的语句块。因此要注意对多分支中条件表达式的书写次序，防止某些值被过滤掉。

思考：若将例 4.4 中程序改为以下两种写法，结果分别会如何？

程序段一如下：

```
#include <stdio.h>
main()
{
    float score;
    printf("请输入学生期末考试成绩(0～100)：\n ");
    scanf("%f", &score);
    if(score>=90)
        printf("优秀!\n ");
    else if(score>=80)
        printf("良好!\n ");
    else if(score>=70)
        printf("中等!\n ");
    else if(score>=60)
        printf("及格!\n ");
    else
```

```
        printf("不及格!\n");
     }
```

程序段二如下：

```
     #include <stdio.h>
     main()
     {
        float score;
        printf("请输入学生期末考试成绩(0~100)：\n ");
        scanf("%f", &score);
        if(score>=60)
           printf("及格!\n ");
        else if(score>=70)
           printf("中等!\n ");
        else if(score>=80)
           printf("良好!\n ");
        else if(score>=90)
           printf("优秀!\n ");
        else
           printf("不及格!\n");
     }
```

【例 4.5】　编程判断输入的年份是否是闰年。

分析：判断闰年的条件需满足下列二者之一：

(1) 能被 4 整除，又能被 400 整除。

(2) 能被 4 整除，但不能被 100 整除。

程序如下：

```
     #include <stdio.h>
     main()
     {
        int year;
        printf("请输入年份：\n ");
        scanf("%d", &year);
        if(year<0)
           printf("输入的年份不合法，请重新输入!\n ");
        else if(((year%4)==0)&&((year%100)!=0)||((year%400)==0))    /*判断闰年的逻辑表达式*/
           printf("%d 年是闰年!\n",year);
        else
           printf("%d 年不是闰年!\n",year);
     }
```

程序运行结果：

请输入年份：

2016↙

2016 年是闰年!

请输入年份：

1999↙

1999 年不是闰年!

4.1.2　if 语句的嵌套

在一个 if 语句中又可以包含一个或多个 if 语句，称为 if 语句的嵌套。其语法的一般格式为

```
if (表达式 1)
    if (表达式 2)  语句块 1;
    else  语句块 2;
else
    if (表达式 3)  语句块 3;
    else  语句块 4;
```

执行流程：首先判断表达式 1，如果表达式 1 的值为真，再判断表达式 2，如果表达式 2 的值为真，则执行语句块 1；否则(表达式 2 的值为假)执行语句块 2；如果表达式 1 的值为假，再判断表达式 3，如果表达式 3 的值为真，则执行语句块 3；否则(表达式 3 的值为假)执行语句块 4。

注意：if 和 else 的配对遵循就近原则，即 else 总是和前面最近的 if 配对。

思考：以下两种情况中 else 分别和哪个 if 配对？

情况 1：

```
if (表达式 1)
    if (表达式 2)
        语句 1;
    else 语句 2;
```

情况 2：

```
if (表达式 1)
    { if (表达式 2)
        语句 1;}
else 语句 2;
```

【例 4.6】　分段函数求解。对于以下函数，编写一个程序，从键盘上输入整数 x，求 y 的值。

$$y=\begin{cases} 2x & (x>0) \\ 0 & (x=0) \\ -x & (x<0) \end{cases}$$

程序如下：

```
#include <stdio.h>
main()
{
    int x,y;
    printf("请输入 x：\n");
    scanf("%d", &x);
    if(x>0)
        y=2*x;
    else if(x==0)
        y=0;
    else
        y=-x;
    printf("y 的值为：%d\n",y);
}
```

程序运行结果：

```
请输入 x:
8↙
y 的值为：16
请输入 x:
-2↙
y 的值为：2
```

4.2　switch 语句

　　日常生活中，经常会遇到多重选择的问题。例如，根据学生成绩判定等级、分段函数求解等。除了使用多分支 if…else if 语句外，C 语言还提供了另一种结构——switch 语句。switch 语句又称为开关语句，主要用于实现多分支选择结构。其语法的一般格式为

```
switch (表达式)
{
    case 常量表达式 1: 语句块 1; break;
    case 常量表达式 2: 语句块 2; break;
    …
    case 常量表达式 n: 语句块 n; break;
    default: 语句块 n+1;
}
```

　　执行流程：先计算表达式的值，并依次与 case 后面的常量表达式比较，如果表达式的

值与常量表达式 1 的值相等，则执行其后面的语句块 1；若与常量表达式 2 的值相等，则执行其后面的语句块 2；……；若与常量表达式 n 的值相等，则执行后面的语句块 n；如果表达式的值与所有 case 后的常量表达式的值都不相同，则执行 default 后面的语句块 n+1。case 后的 break 表示跳出 switch 语句。switch 选择结构的执行流程如图 4.4 所示。

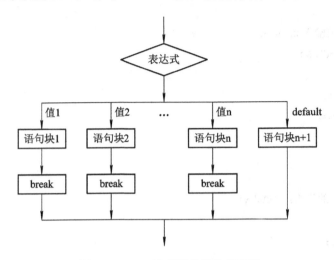

图 4.4 switch 选择结构的执行流程

使用 switch 语句应注意以下几点：

(1) switch 后面括号中的表达式一般是整型或字符型。

(2) case 后面的常量表达式类型必须和 switch 后面的表达式类型相同，并且不能使用变量。

(3) case 关键字和常量表达式之间需有空格，常量表达式的值必须互不相同。

(4) 在执行 switch 语句时，根据 switch 后面表达式的值找到匹配的入口，并由此入口开始执行下去，不再进行条件判断。因此，每执行一个 case 语句后，为了使流程能够跳出 switch 结构，必须使用 break 语句结束 switch 语句的执行，否则流程会按顺序依次执行后续的 case 语句。

例如：

```
switch(grade)
    {
        case 1:printf("A! ");
        case 2:printf("B! ");
        case 3:printf("C! ");
        case 4:printf("D! ");
    }
```

因为 case 后没有 break 语句，所以程序会一直向下执行。因此当 grade 值为 1 时，程序运行结果为

A!B!C!D!

(5) case 后面的语句块可以是一条语句或多条语句，也可是空语句，但不需要用大括号

括起来，语句依然能按顺序执行。

(6) 当 case 后面常量表达式与 switch 后面的表达式均不匹配时，则执行 default 后面的语句块，default 可以放在程序的任何位置，不一定要位于最后。

(7) 多个 case 可以共用一个语句块。

例如：

```
switch(n)
  {
    case 1:
    case 2:
    case 3:printf("优秀! "); break;
  }
```

【例 4.7】　将例题 4.4 改为用 switch 语句实现。从键盘上输入学生期末考试成绩，若成绩为 90～100 分，则输出"优秀"；若成绩为 80～89 分，则输出"良好"；若成绩为 70～79 分，则输出"中等"；若成绩为 60～69 分，则输出"及格"；若成绩为 0～59 分，则输出"不及格"。

程序如下：

```
#include <stdio.h>
main()
{
  int score;
  printf("请输入学生期末考试成绩(0～100)：\n ");
  scanf("%d", &score);
  switch(score/10)
  {
    case 10:
    case 9:printf("优秀!\n ");break;
    case 8:printf("良好!\n ");break;
    case 7:printf("中等!\n ");break;
    case 6:printf("及格!\n ");break;
    default: printf("不及格!\n");
  }
}
```

程序运行结果：

```
请输入学生期末考试成绩(0～100)：
95✓
优秀!
请输入学生期末考试成绩(0～100)：
85✓
良好!
```

请输入学生期末考试成绩(0～100)：

68✓

及格！

请输入学生期末考试成绩(0～100)：

57✓

不及格！

思考：若将程序中的 break 语句去掉，结果会如何？

【例 4.8】 编写一个程序，从键盘上输入 1～7 之间的任意一个数字，输出对应的英文星期几单词。

程序如下：

```c
#include <stdio.h>
main()
{
    int week;
    printf("请输入 1～7 之间的任意一个数字：\n");
    scanf("%d", &week);
    switch(week)
    {
        case 1:printf("Monday!\n ");break;
        case 2:printf("Tuesday!\n ");break;
        case 3:printf("Wednesday!\n ");break;
        case 4:printf("Thursday!\n ");break;
        case 5:printf("Friday!\n ");break;
        case 6:printf("Saturday!\n ");break;
        case 7:printf("Sunday!\n ");break;
        default: printf("Error number!\n");
    }
}
```

程序运行结果：

请输入 1～7 之间的任意一个数字：

1✓

Monday!

请输入 1～7 之间的任意一个数字：

3✓

Wednesday!

请输入 1～7 之间的任意一个数字：

7✓

Sunday!

4.3　程序设计综合实例

【例 4.9】　编写一个程序，从键盘上输入三角形的三条边长，判断是否能构成三角形，然后计算三角形的面积并输出。

假设 a、b、c 为三角形的三条边长，令 s=(a+b+c)/2，则三角形面积公式为

$$area=\sqrt{s(s-a)(s-b)(s-c)}$$

分析：构成三角形的基本条件是两边之和大于第三边，因此在计算面积之前先判断是否满足边长的要求。

程序如下：

```
#include <stdio.h>
#include <math.h>
main()
{
    float a, b, c, s, area;
    printf("请输入三角形的三条边长：\n");
    scanf("%f,%f,%f",&a,&b,&c);              /*输入三角形的三条边长*/
    if(a<0||b<0||c<0)
        printf("输入的 a,b,c 均不能为负数！\n");
    else
    if(a+b>c&&b+c>a&&c+a>b)
    {
        s=(a+b+c)/2.0;
        area=sqrt(s*(s-a)*(s-b)*(s-c));      /*计算三角形的面积*/
        printf("三角形的面积：%5.2f\n",area);
    }
    else
    printf("不能构成三角形，请重新输入!\n");
    return 0;
}
```

程序运行结果：

请输入三角形的三条边长：

5.7,9.8,7.5↙

三角形的面积：21.30

请输入三角形的三条边长：

1,2,3↙

不能构成三角形，请重新输入!

【例 4.10】 编写一个程序，从键盘上输入一个字符并进行判断，如果是数字则输出 "The character is a number!"，如果是字母则输出 "The character is a letter!"，如果是其他字符则输出 "This is the other character!"

分析：字符的类别主要从其对应的 ASCII 码值进行判断。

程序如下：

```
#include <stdio.h>
main()
{
    char ch;
    printf("input a character:\n");
    scanf("%c",&ch);
    if(ch>=48&&ch<=57)          /*数字 0~9 对应的 ASCII 码*/
        printf("The character is a number!\n",ch);
    else if((ch>=65&&ch<=90)||(ch>=97&&ch<=122))     /*大小写字母对应的 ASCII 码*/
        printf("The character is a letter!\n",ch);
    else
        printf("This is the other character!\n",ch);
}
```

程序运行结果：

```
input a character:
8↙
The character is a number!
input a character:
P↙
The character is a letter!
input a character:
!↙
This is the other character!
```

【例 4.11】 快递公司根据货物的重量收取运费，运费标准如表 4.1 所示。要求使用 switch 语句实现。

表 4.1 运 费 标 准

运费/元	重量/kg
5*k	k＜10
4.6*k	10≤k＜20
4.2*k	20≤k＜30
3.8*k	30≤k＜40
3.4*k	40≤k＜50
3*k	50≤k＜80
2.5*k	k≥80

程序如下：

```c
#include <stdio.h>
main()
{
    int k;
    float money;
    printf("请输入货物重量：\n ");
    scanf("%d",&k);
    switch(k/10)
    {
        case 0:money=5*k;break;
        case 1:money=4.6*k;break;
        case 2:money=4.2*k;break;
        case 3:money=3.8*k;break;
        case 4:money=3.4*k;break;
        case 5:
        case 6:
        case 7:money=3*k;break;
        default:money=2.5*k;
    }
    printf("运费为：%.2f\n ",money);
}
```

程序运行结果：

```
请输入货物重量：
20✓
运费为：84.00
请输入货物重量：
68✓
运费为：204.00
请输入货物重量：
90✓
运费为：225.00
```

【例 4.12】　编写一个程序，从键盘上输入 a、b、c 的值，对一元二次方程 $ax^2+bx+c=0$ 进行求解。

分析：根据方程的求解情况，分为以下几种。

(1) 当 a=0，b≠0 时，方程式是一元一次方程。

当 a=0，b=0 时，方程式并不合法，提示错误信息。

(2) 当 a≠0 时，方程式为一元二次方程，根分为三种情况：

① 当 $b^2-4ac=0$，方程有两个相等的实根，即 $x_1,x_2=-\dfrac{b}{2a}$；

② 当 $b^2-4ac>0$，方程有两个不同的实根，即 $x_1, x_2 = \dfrac{-b \pm \sqrt{b^2-4ac}}{2a}$；

③ 当 $b^2-4ac<0$，方程有两个不同的虚根，即 $x_1, x_2 = \dfrac{-b \pm (\sqrt{4ac-b^2})i}{2a}$。

程序如下：

```
#include <stdio.h>
#include <math.h>
main()
{
  double a, b, c, x1, x2, delt, real,imaginary;
  printf("请输入 a、b、c 的值: \n");
  scanf("%lf,%lf,%lf",&a,&b,&c);                /*输入三角形的三条边长*/
  if(a==0)
  {
    if(b!=0)
     {
        x1=-b/c;                                /*此时为一元一次方程求根*/
        printf("方程的解为：%5.2lf\n",x1);
     }
    else
      printf("输入的值不合法, 请重新输入!\n");
  }
  else
  {
    delt=b*b-4*a*c;
    if(delt==0)                                 /*方程有两个相等的实数根*/
     {
        x1=-b/(2*a);
        x2=-b/(2*a);
        printf("方程有两个相等的实根, 即：x1=x2=%5.2lf\n",x1);
     }
    else if(delt>0)                             /*方程有两个不相等的实根*/
     {
        x1=(-b+sqrt(delt))/(2*a);
        x2=(-b-sqrt(delt))/(2*a);
        printf("方程有 2 个不相等的实根：x1=%5.2lf, x2=%5.2lf\n",x1,x2);
     }
    else                                        /*方程有两个不相等的虚根*/
     {
        real=-b/(2*a);
```

```
        imaginary=sqrt(-delt)/(2*a);
        printf("方程有 2 个不相等的虚根：x1=%5.2lf+%5.2lfi, x2=%5.2lf-%5.2lfi\n",real,
    imaginary, real, imaginary);
        }
    }
}
```

程序运行结果：

请输入 a、b、c 的值：

1,6,9↙

方程有两个相等的实根，即：x1=x2=-3.00

请输入 a、b、c 的值：

2,8,7↙

方程有 2 个不相等的实根：x1=-1.29,x2=-2.71

请输入 a、b、c 的值：

1,4,7↙

方程有 2 个不相等的虚根：x1=-2.00+1.73i,x2=-2.00-1.73i

习　题　4

一、填空题

1. 选择结构分为两类，分别是_____和_____。
2. if 语句有_____、_____和_____三种形式。
3. 为了使流程跳出 switch 语句，可以使用_____语句。
4. 在一个 if 语句中又可以包含另一个 if 语句，称为 if 语句的_____。
5. switch 后面括号里的表达式一般是_____或_____类型。

二、单项选择题

1. 以下选项中，当 x 为大于 1 的奇数时，值为 0 的表达式是(　　)。
   A．x%2==1　　　　　B．x/2　　　　　C．x%2!=0　　　D．x%2==0
2. 以下程序的输出结果为(　　)。

```
main()
{
    int a=3,b=5,c=7;
    if(a>b) a=b;c=a;
    if(c!=a) c=b;
    printf("%d,%d,%d\n",a,b,c);
}
```

   A．程序段语法错　　　B．3,5,3　　　　C．3,5,5　　　　D．3,5,7

3. 以下选项中能正确表示 a≥5 并且 a≤10 的关系表达式是(　　)。

    A．a>=5 and a<=10   B．a>=5 ‖ a<=10

    C．a>=5 && a<=10   D．a>=5 | a<=10

4. 以下程序的输出结果为(　　)。

```
#include <stdio.h>
main()
{
    int a,b,c;
    a=10;b=20;c=30;
    if(a>b) a=b,b=c;
    c=a;
    printf("a=%d,b=%d,c=%d\n",a,b,c);
}
```

    A．a=10,b=20,c=10   B．a=10,b=30,c=10

    C．a=30,b=20,c=10   D．a=30,b=20,c=30

5. 下列说法正确的是(　　)。

    A．break 语句是 switch 语句中的一部分

    B．在 switch 语句中可以根据需要使用或不使用 break 语句

    C．在 switch 语句中必须使用 break 语句

    D．break 语句只能用于 switch 语句中

三、阅读程序，写出输出结果

1. 下列程序的输出结果是＿＿＿＿＿＿＿＿＿＿＿＿＿。

```
#include <stdio.h>
main()
{
    int a=1,b=2,c=3;
    if(a>b)
    if(b<c) printf("%d",++c);
    else printf("%d",++b);
    printf("%d\n",a++);
}
```

2. 下列程序的输出结果是＿＿＿＿＿＿＿＿＿＿＿＿＿。

```
#include<stdio.h>
void main()
{
    int x=1,y=0;
    switch(x)
```

```
    {
        case 1:
        switch(y)
          {
                case 0: printf("**0**");break;
                case 1: printf("**1**");break;
              }
            case 2:printf("**2**");break;
          }
      }
```

3．下列程序的输出结果是_____。

```
    #include <stdio.h>
    void main()
    {
        int x=1,y=0,a=0,b=0;
        switch(x)
          {
            case 1:
                switch(y)
                    {   case 0: a++;break;
                        case 1:b++;break;          }
            case 2:
                a++;b++;break;
          }
        printf("a=%d,b=%d\n",a,b);
    }
```

四、编程题

1．从键盘上输入两个整数，输出较大数。

2．求解下面的分段函数，从键盘上输入 x 的值，求 y 的值。

$$y = \begin{cases} 3x & (0<x<1) \\ 2x-1 & (1\leqslant x<5) \\ -x & (x\geqslant5) \end{cases}$$

3．从键盘上输入一个月份，计算该月包含多少天。

第 5 章　循环结构程序设计

教学目标 ✍

➢ 掌握 for 语句的用法;
➢ 掌握 while 语句和 do-while 语句的用法;
➢ 学会使用循环结构程序设计。

前一章介绍了程序结构中的分支结构,分支结构主要用来实现满足某个条件时,选择做某些事情。在实际生活工作中,常常需要实现在某个条件范围内,重复做某些事情,如输入全班 40 名学生的 C 语言成绩,就需要重复进行 40 次的输入,这种程序结构称为循环结构。

在 C 语言中,实现循环结构通常采用三种语句:for 语句、while 语句、do-while 语句。

5.1　for 语　句

for 语句是最常用的实现循环结构的语句,使用比较灵活,不仅可以用于循环次数已经确定的情况,而且可以用于循环次数不确定而只给出循环结束条件的情况。

5.1.1　for 语句的语法格式

for 语句的一般语法格式为

```
for(<表达式 1>;<表达式 2>;<表达式 3>)
{
    语句块;
}
```

说明:

(1) for 是关键字,小括号不得缺省,大括号中只有一条语句时,可以省略大括号。

(2) 小括号中的 3 个表达式所表示的含义分别如下:

表达式 1,即初值表达式,用于在循环开始前,为循环变量设置初始值。表达式 1 一般为赋值表达式。

表达式 2,即循环控制逻辑表达式,它控制循环执行的条件,决定循环次数。表达式 2 一般为关系表达式或逻辑表达式。

表达式 3，一般为赋值表达式，它改变循环变量的值，使之递增或递减。

(3) 大括号括起来的语句块称为循环体。

执行流程：

(1) 先计算表达式 1。

(2) 再计算表达式 2，若其值为真(非 0)，则执行第(3)步；若为假，则结束循环，执行 for 循环后的语句。

(3) 执行循环体中的语句。

(4) 计算表达式 3。

(5) 转回第(2)步继续执行。

依此循环，直至表达式 2 的值为假(0)，退出循环。for 语句的执行流程如图 5.1 所示。

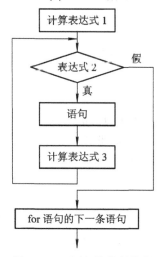

图 5.1　for 语句的执行流程

【例 5.1】　编写一个程序，计算 s=1+2+3+…+100 的值。

分析：

(1) 可用循环语句来编写程序，循环控制变量 i 从 1 增加到 100。

(2) 设 s 的初值为 0，则循环体为

　　　 s = s+i;　　　 /*i=1,2,…，100 */

程序如下：

```
#include<stdio.h>
void main()
{
    int s=0, i;
    for(i=1; i<=100; i++)
    {
        s=s+i;              /* 循环体语句 */
    }
    printf("s=%d\n", s);
}
```

程序运行结果：

　　　s=5050

程序分析：

for 语句的执行步骤如下：

(1) 计算表达式 1 "i=1;"，得到循环控制变量的初值。

(2) 求解表达式 2，若表达式 2 的值为假，则结束 for 循环；否则(表达式 2 的值为真)执行第(3)步。

(3) 执行循环体语句 "s=s+i;"。

(4) 求解表达式 3 "i++"，然后转向第(2)步。

【例 5.2】　编写一个程序，从键盘输入某小组 10 名学生的 C 语言成绩，计算并输出平均分。

分析：

(1) 根据要求，需要重复执行输入命令(使用 scanf()函数)，一共执行 10 次输入，即循环 10 次，采用 for 语句。

(2) 定义程序中所需的变量：

float sum 定义成绩的累加和，sum 的初值为 0。

int i 定义循环变量，i 的值从 1～10 递增。

(3) 循环输入成绩分数值，同时进行成绩累加计算。

```
for( i = 1 ; i <= 10; i++)
{
     scanf("%f" , &score);
     sum = sum + score ;     /*计算成绩的和*/
}
```

(4) 计算平均分：average=sum/10。

(5) 输出平均分，保留一位小数。使用函数 "printf("%4.1f", average);"。

程序如下：

```
#include <stdio.h>
void main()
{
     float    score , sum = 0;
     float    average ;
     int i ;
     printf("请输入 10 名学生的 C 语言成绩：\n");
     for( i = 1 ; i <= 10; i++)
     {
          scanf("%f" , &score);
          sum  = sum + score  ;        /*计算成绩的和*/
     }
     average = sum / 10;
```

```
        printf("全班 10 名学生的 C 语言平均分是：%4.1f", average);
    }
```

程序运行结果：

　　　请输入 10 名学生的 C 语言成绩：

　　　80 90 70 20 60 90 30 80 95 75✓

　　　全班 10 名学生的 C 语言平均分是：69.0

【例 5.3】　编写一个程序，用 for 循环语句求 fac = n!。

分析：

(1) 对于任意 i (1≤i≤n)，i!可以表示成：i! =i*(i−1)!。

(2) 用变量 fac 存放 i!，最初 fac = 1。

(3) n!可用 for 语句完成，如下所示：

```
        for (i=1;i<=n;i++)
        fac = fac * i;
```

程序如下：

```
        #include<stdio.h>
        void main()
        {
            int i,n;
            long fac;
            printf("请输入一个正整数： ");
            scanf("%d",&n);
            fac = 1;
            for (i = 1;i <= n;i++)
                fac = fac * i   ;       /*执行 n 次后，fac 的值就是 n! */
            printf("%d! =%ld",n,fac);
        }
```

程序运行结果：

　　　请输入一个正整数：

　　　10✓

　　　10!=3628800

思考：程序中定义 fac 为 long 类型，是为了防止 fac 的数据溢出。如果 n 的值更大，将使 n! 超过了 long 类型的值域，这时程序该如何变动？

5.1.2　for 语句的进一步演变

for 语句中的三个表达式根据情况可以省略。

1. 省略表达式 1

for 语句的一般形式中的“表达式 1”可以省略。但要注意省略表达式 1 时，其后的分号不能省略。此时，应在 for 语句之前给循环变量赋初值。例如：

```
        i=1;
        for (;i<=100;i++)
            sum=sum+i;
```

2．省略表达式 2

表达式 2 的功能是终止循环，如果省略表达式 2，即表示表达式 2 的值始终为真，循环将无终止地进行下去。例如：

```
        for (i=1; ; i++)
            printf ("%d", i);
```

该循环无终止条件，将无限循环输出 1、2、3、4、5、…。如果要实现终止循环，则在循环体里设置条件来结束循环。例如：

```
        for( i = 1 ; ; i++)
        {
            s = s + i ;
            if(i> 100)    break;
        }
```

其中，break 的功能是终止循环，如果 i>100 即 i = 101 时即结束循环。

3．省略表达式 3

表达式 3 的功能是改变循环变量的值，使之递增或递减。如果省略表达式 3，也将产生一个无穷循环。因此，如果要保证循环能正常结束，可以将表达式 3 放在循环体中。例如：

```
        for (i=1;i<=100;)
        {
            sum=sum+i;
            i++;
        }
```

4．三个表达式都可省略

三个表达式都可省略，例如：

```
        for (; ;)
```

即不设初值，不判断条件(表达式 2 为真值)，循环变量不增值，无终止地执行循环体。在实际编程中，并不是说表达式 1、表达式 2 和表达式 3 不存在，而是它们要出现在程序中的其他地方。

例如：

```
        i = 1;                      /*表达式 1*/
        for( ; ; )
        {
            if( i> 100)    break;       /*表达式 2*/
            s = s+i ;
            i++ ;                   /*表达式 3*/
        }
```

5. 使用 for 语句时需要注意的问题

(1) 在 for 语句中，表达式 1 和表达式 3 也可以使用逗号表达式。在逗号表达式内按照从左至右求解，整个表达式的值为其中最右边的表达式的值。例如：

        for (i=1; i<=100; i++, sum=sum+i)

相当于：

        for (i=1;i<=100;i++) sum=sum+i;

(2) 在 for 语句中，表达式 2 一般为关系表达式(如 i<=10)或逻辑表达式(如 x>0 ‖ y<-4)。

(3) for 语句的循环语句可以是空语句。空语句用来实现延时，即在程序执行中等待一定的时间。例如：

        for (i=1;i<=1000;i++);

注意：上面语句最后的分号不能省略，它代表一个空语句。

【例 5.4】 编写一个程序，求 Fibonacci 数列的前 20 项。该级数的前几项是：1、1、2、3、5、8、13、21、34、…。

分析：

(1) Fibonacci 数列的第 1 项为 1，第 2 项为 1，从第 3 项开始，每项等于前两项之和。也就是说，第 n 个数是第 n-1 项和第 n-2 项两个数之和。即

        f1=1   (n=1)
        f2=1   (n=2)
        fn=f(n-1)+f(n-2)   (n>=3)

(2) 先定义 2 个变量 f1、f2，初值为 1。

(3) 计算第 3 项：f3 = f1 + f2 = 1+1，再令 "f1 = f2; f2 = f3;"。

(4) 计算第 4 项：f4 = f2 + f3 = 1+2，再令 "f1 = f2; f2 = f3;"。

……

以此类推，只要循环执行 "f3 = f1 + f2; f1 = f2; f2 = f3;"，就可以得到 Fibonacci 数列的各项数据。

程序如下：

```
#include <stdio.h>
void main ( )
{
    int f1 = 1, f2 = 1 ,f3 = 0, i = 3;
    printf(" %d , %d", f1 , f2) ;              /*输出第 1、2 项数据*/
    for( ; i<= 20 ; i++)
    {
        f3 = f1 + f2 ;
        printf(" %d ，   ", f3) ;
        if( i % 5 == 0)   printf("\n") ;        /*每行输出 5 项数据*/
        f1 = f2;
        f2 = f3 ;
    }
}
```

程序运行结果:

1,1,2,3,5,

8,13,21,34,55,

89,144,233,377,610,

987,1597,2584,4181,6765,

5.2 while 语句

while 语句实现的是一种当型循环结构,其语法的一般格式为

    while (表达式)

    {

        循环体语句;

    }

说明:

(1) while 后的圆括号不能省略,表达式通常是关系表达式或逻辑表达式,表示循环的条件。

(2) 循环体可以是多条语句,必须用大括号括起来。

执行流程:先计算表达式的值,当表达式的值为真(非 0)时,执行循环体;再计算表达式的值,重复上述步骤,直到表达式的值为假(0)时,结束循环,执行循环语句的后续语句。while 语句的执行流程如图 5.2 所示。

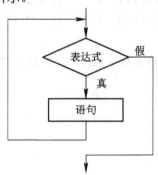

图 5.2 while 语句的执行流程

使用 while 语句时需要注意以下几点:

(1) 在 while 语句前应为循环控制变量赋初值。

(2) 在循环体内应有改变循环控制变量的语句。

(3) while 循环的特点是先判断后执行,故循环有可能一次都不被执行。

(4) while 语句常常应用于未知循环次数的情况。

【例 5.5】 编写一个程序,输入若干学生的成绩,输出最高分和最低分。

分析:若干学生的成绩是不确定的循环次数,考虑到成绩没有负数,可以把循环条件定为:每当输入的分数大于等于 0 时就继续输入成绩;输入的分数小于 0 时就停止输入。

(1) 定义变量 score 存放输入的成绩,max 存放最高分,min 存放最低分。

(2) 输入一个分数,令"max = score; min = score;"。

(3) 当"score>=0"时,执行下列操作:

如果"max< score",则"max= score;";

如果"min > score",则"min = score;"。

输入下一分数"score;"。

(4) 重复第(3)步,直到"分数 score<0"。

程序如下:

```c
#include<stdio.h>
void main()
{
    float score,max,min;                        /*max 存放最高分,min 存放最低分*/
    printf("请输入成绩,输入负数结束: ");        /*提示信息*/
    scanf("%f", &score);                        /*输入第一个学生的分数*/
    max = score ;
    min = score ;
    while (score>=0)
    {
        if(max < score ) max = score;
        if( min > score ) min = score;
        scanf("%f",&score);
    }
    printf("最高分为%5.1f,最低分为%5.1f", max, min);
}
```

程序运行结果:

请输入成绩,输入负数结束:

90 80 70 60 40 95 30 -1✓

最高分为 95.0, 最低分为 30.0

【例 5.6】 编写一个程序,计算 s = 1+1/2+1/3+1/4+1/5+…的近似值,直到最后一项的绝对值小于 10^{-4}。

分析:

(1) 设 i 初值为 1,累加和 s 的初值为 0。

(2) 用 t=1.0/i 表示第 i 项的值,最后一项 10^{-4} 用表达式(fabs(t)>=1e-4)作为循环的结束条件。

(3) 当 t>10^{-4} 时,循环累加计算:s+= t。

程序如下:

```c
#include<stdio.h>
#include<math.h>
void main()
{
```

```
        int i = 1;
        float t , s = 0;
        t = 1.0/i;                      /*这里 i 为整数，用 1.0/i 得到实数*/
        while( fabs(t) > 1e-4)
        {
            s += t;
            i ++ ;
            t = 1.0/i;
        }
        printf("s = % f" , s);
    }
```
程序运行结果：
    s=9.787513

5.3 do-while 语句

do-while 语句实现的是一种直到型循环结构，其语法的一般格式为
    do
    {
        循环体语句;
    }while (表达式);
说明：
(1) while 后面的圆括号不能缺少，表达式是任意合法的表达式。
(2) 循环体可以是多条语句，必须用大括号括起来。
执行流程：
(1) 执行 do 后面的循环体语句。
(2) 计算 while 后圆括号中表达式的值，当表达式的值为真(非 0)时，转去执行循环体；直到表达式为假(0)时，结束循环，执行循环语句的后续语句。do-while 语句的执行流程如图 5.3 所示。

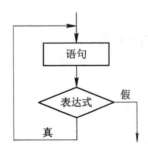

图 5.3 do-while 语句的执行流程

使用 do-while 语句时需要注意以下几点：
(1) 循环体可以用复合语句。

(2) 循环控制变量在执行 do 前必须赋初值；循环体内应有改变循环控制变量的语句。

(3) do-while 循环的特点是先执行后判断，故循环至少被执行一次。

(4) while 后的 ";" 不得丢失。

【例 5.7】 编写一个程序，统计从键盘上输入的一行非空字符的个数 (以回车作为输入结束标记)。

分析：

(1) 用 num 表示统计变量，初值为 0。

(2) 在循环体中输入字符并统计字符个数。

(3) 循环的条件是判断输入的字符不是回车。

程序如下：

```c
#include <stdio.h>
void main( )
{
    char ch;
    int num = 0;
    printf("请输入一行非空字符，以回车作为输入结束：");
    do
    {
        ch=getchar();                /*从键盘输入一个字符*/
        num++;                       /*统计字符个数变量自加 1*/
    }while(ch != '\n');              /*当 ch 不是回车时，继续执行循环体*/
    printf("num=%d\n",  num-1);
}
```

程序运行结果：

```
请输入一行非空字符，以回车作为输入结束：
very good↙
num=9
```

【例 5.8】 编写一个程序，用下列公式计算 π 的近似值：

$$\frac{\pi}{4} = 1 - \frac{1}{3} + \frac{1}{5} - \frac{1}{7} + \cdots$$

直到累加项的绝对值小于 10^{-4} 为止。

分析：

(1) 设 i 为循环变量，其初值为 1；用 s 表示累加和；用 t 表示正负符号，初值为 1，奇数项为正，偶数项为负，令 t = -t。

(2) 循环执行条件为 fabs(t * 1.0 / i) >= 1e-4。

(3) 执行循环体：s += t * 1.0 / i ; i+= 2; t = -t。

(4) 输出 π = 4*s。

程序如下：

```
#include<stdio.h>
#include<math.h>
void main()
{
    int i = 1, t = 1;
    float s = 0, pi ;
    do
    {
        s += t * 1.0 / i;
        t =-t;
        i += 2;
    }while(fabs(t*1.0/i)>=1e-4);
    pi = 4 * s;
    printf(" π 近似值为%.6f\n", pi);
}
```

程序运行结果：

　　　π 近似值为 3.141397

在实际应用中，同一个问题，往往既可以用 while 语句解决，也可以用 do-while 或者 for 语句来解决，三种循环语句可以互相替代。三种循环语句在语法结构上的比较如表 5.1 所示。

表 5.1　三种循环语句在语法结构上的比较

比较参数	for(e1;e2;e3)	while(e){}	do{}while(e);
循环控制条件	表达式 e2 值非 0	表达式值非 0	表达式值非 0
循环变量初值	在 for 语句行中	在 while 之前	在 do 之前
改变循环变量	表达式 e3	在循环体里	在循环体里

选择使用循环语句的一般思路有以下几点：

(1) 如果能够确定循环次数，一般用 for 语句；如果循环次数是由循环体的执行情况确定的，一般用 while 语句或者 do-while 语句。

(2) 当循环体至少执行一次时，用 do-while 语句；反之，如果循环体可能一次也不执行时，选用 while 语句。

5.4　循环的嵌套

5.4.1　多重循环

循环结构的循环体可以是任何合法的 C 语句，如果循环体中包含另一个循环语句，则构成了循环的嵌套，称为多重循环。

三种循环语句 for、while、do-while 可以互相嵌套自由组合。循环嵌套常用的形式有如下几种：

```
(1) for( ; ;)              (2) for( ; ;)              (3) for( ; ;)
    {                          {                          {
        …                          …                          …
        for( ; ;)                  while( )                    do
        {                          {                          {
            …                          …                              …
        }                          }                          }while( ) ;
    }                          }                          }
(4) do                     (5) while( )               (6) do
    {                          {                          {
        …                          …                          …
        for( ; ;)                  for( ; ;)                  while( )
        {                          {                          {
            …                          …                          …
        }                          }                          }
    }while( );                 }                          }
```

但要注意的是，各循环必须完整，相互之间绝不允许交叉。例如，下面的嵌套形式是错误的：

```
        do
        {
            for(; ;)
            {
                …
            }while();          /*格式交叉*/
        }
```

多重循环结构程序的执行过程是外循环执行一次，内循环根据情况要执行一个循环过程。

【例 5.9】　编写一个程序，输出 5 行 7 列的星形矩阵。

分析：采用双重循环，外循环控制行数，内循环控制列数。

(1) 设 i 控制行数，i 的值为 1～5。

(2) 设 j 控制列数，j 的值为 1～7，每一行输出 7 个 "*"。

程序如下：

```
#include<stdio.h>
void   main()
{
    int   i,j;
```

```c
        int   col,   row;
        printf("请输入行数和列数：");
        scanf("%d%d",   &row ,&col);
        for( i =1 ; i <= row; i++)            /*控制行*/
        {
            for( j=1; j <= col; j++)          /*控制列*/
                printf("*");
            printf("\n");                     /*换行*/
        }
    }
```

程序运行结果：

```
请输入行数和列数：5   7↙
*******
*******
*******
*******
*******
```

【例 5.10】 编写一个程序，输出"九九乘法口诀表"。

分析： 采用双重循环，外循环控制行数，内循环控制列数。

(1) 外循环共输出 9 行，用 i 表示行数，i 的值为 1～9。

(2) 内循环输出每一行的列数，用 j 表示列数，j 的取值为 1～i，同时输出每一行的数据信息。

(3) 每一行输出完毕要换行。

程序如下：

```c
    #include<stdio.h>
    void main()
    {
        int i, j;
        for(i=1;i<10; i++)                    /*外层循环*/
        {
            for(j=1; j<=i; j++)               /*内层循环*/
                printf("%d*%d=%d ", i,j,i*j);  /*输出数据*/
            printf("\n");                     /*每一行输出完毕换行*/
        }
        printf("\n");
    }
```

程序运行结果：

```
1*1=1
2*1=2   2*2=4
```

3*1=3 3*2=6 3*3=9

4*1=4 4*2=8 4*3=12 4*4=16

5*1=5 5*2=10 5*3=15 5*4=20 5*5=25

6*1=6 6*2=12 6*3=18 6*4=24 6*5=30 6*6=36

7*1=7 7*2=14 7*3=21 7*4=28 7*5=35 7*6=42 7*7=49

8*1=8 8*2=16 8*3=24 8*4=32 8*5=40 8*6=48 8*7=56 8*8=64

9*1=9 9*2=18 9*3=27 9*4=36 9*5=45 9*6=54 9*7=63 9*8=72 9*9=81

5.4.2 break 与 continue 语句

在设计循环结构程序时，有时需要在循环体中提前跳出循环，或者在满足某种条件下，不执行循环中剩下的语句而立即从头开始新的一轮循环，这时就要用到 break 和 continue 语句。

1．break 语句

前面学习 switch 语句时已经接触到 break 语句，在 case 子句执行完后，通过 break 语句使控制立即跳出 switch 结构。在循环语句中，break 语句的作用是在循环体中测试到应结束循环时，使控制立即跳出循环结构，转而执行循环语句后面的语句。

break 语句的一般格式为

break;

【例 5.11】 编写一个程序，判断输入的整数是否为素数(素数是只能被 1 和本身整除的数)。

分析：可用穷举法来判定一个数是否是素数。采用循环对数 n 用数 2～n−1 逐个去除，若能被其中一个数除尽则跳出该循环，说明不是素数。假如在所有的数都是未除尽的情况下结束循环，则为素数，此时有 i>=n，故可经此判定后输出素数。

程序如下：

```
#include<stdio.h>
void main()
{
    int n,i;
    printf("请输入一个整数：");
    scanf("%d",&n);
    for(i=2;i<n;i++)
        if(n%i==0) break;
    if(i>=n)
        printf("%d 是素数\n",n);
    else
        printf("%d 不是素数\n",n);
}
```

程序运行结果：

　　请输入一个整数：11✓

　　11 是素数

　　请输入一个整数：15✓

　　15 不是素数

2. continue 语句

continue 语句只能用于循环结构中，一旦执行了 continue 语句，程序就跳过循环体中位于该语句后的所有语句，提前结束本次循环周期并开始新一轮循环。continue 语句的一般格式为

　　　　continue;

注意：在多重循环中 continue 语句只结束本层本次的循环，并不跳出循环。

【例 5.12】　编写一个程序，输出 100 以内能被 7 整除的数。

分析：对 7～100 的每一个数进行测试，如该数不能被 7 整除，即模运算不为 0，则由 continue 语句转去下一次循环。只有模运算为 0 时，才能执行后面的 printf 语句，并输出能被 7 整除的数。

程序如下：

```
#include<stdio.h>
void main()
{
    int n;
    for(n=7;n<=100;n++)
    {
        if (n%7!=0)    continue;
        printf("%d ",n);
    }
}
```

程序运行结果：

　　7 14 21 28 35 42 49 56 63 70 77 84 91 98

5.5　程序设计综合实例

【例 5.13】　编程统计若干学生 C 语言成绩不及格的人数，并计算出最高分和最低分。

分析：

(1) 用变量 count 存所输入的全班学生的人数，score 存成绩，用 n 存不及格的人数。

(2) 每输入一个学生的成绩，即判断 score<60，如果成立，则"n++;"。

(3) 用 max 存最高分，min 存最低分，并赋初值"max=0;min=100;"。

程序如下：

```
#include<stdio.h>
void main()
```

```
    {
        int n=0;
        int count,i;
        float score;
        float max=0, min=100;
        printf("请输入班级人数：");
        scanf("%d", &count);
        printf("\n");
        for(i=1 ; i<=count ; i++)
        {
            printf("请输入学生的成绩：");
            scanf("%f", &score);
            if(score<60 )    n++;
            if(max<score)    max=score;
            if(min>score)    min=score;
        }
        printf("不及格的人数为：%d", n);
        printf("最高分为:%.1f    最低分为:%.1f\n", max,   min) ;
    }
```

程序运行结果：

请输入班级人数：5✓

请输入学生的成绩：90✓

请输入学生的成绩：80✓

请输入学生的成绩：45✓

请输入学生的成绩：30✓

请输入学生的成绩：88✓

不及格的人数为：2

最高分为:90　　最低分为:30

【例 5.14】　　编程输出以下图形。

```
        *
       ***
      *****
     *******
```

分析：

(1) 该问题可用双重循环实现。

(2) 外循环控制输出行数，内循环中，用一个循环打印空格确定打印字符的初始位置，另一个循环确定每行打印"*"的个数。

(3) 输出图形的规律：每行"*"的个数与行数 i 的关系是 2*i−1。

程序如下：

```
#include<stdio.h>
void main()
{
    int i,j,k;
    for(i=1;i<=4;i++)                /*外循环控制输出行数*/
    {
        for(j=1;j<=4-i; j++)         /* 打印空格*/
            printf(" ");
        for(k=1;k<=2*i-1; k++)       /*每行打印*/
            printf("*");
        printf("\n");
    }
}
```

【例 5.15】 编写一个程序，采用穷举法输出所有可能的方案：已知公鸡 5 元 1 只，母鸡 3 元 1 只，三只小鸡 1 元，100 元买 100 只鸡，且每种鸡都有，问可以各买多少只。

分析：

(1) 设可以买 a 只公鸡、b 只母鸡、c 只小鸡，根据已知条件可以列出下列两个方程：

a+b+c = 100

5a+3b+c/3=100

两个方程要解 3 个未知数，说明这是个不定方程，可以采用穷举法。

(2) 100 只鸡，要求每种鸡都有，所以公鸡最少要买 1 只，最多买 98 只；同样，母鸡最少要买 1 只，最多可以买 98 只，小鸡数可根据 c=100−a−b 来计算，可采用双重循环实现。

程序如下：

```
#include<stdio.h>
void main()
{
    int a,b,c;
    for(a=1; a<=98; a++)
    {
        for(b=1; b<=98; b++)
        {
            c=100-a-b;
            if( 5*a+3*b+c/3 ==100)
                printf("公鸡：%d 只，母鸡：%d 只，小鸡：%d 只\n",a,b,c);
        }
    }
}
```

程序运行结果：

    公鸡：3 只，母鸡：20 只，小鸡：77 只

    公鸡：4 只，母鸡：18 只，小鸡：78 只

    公鸡：7 只，母鸡：13 只，小鸡：80 只

    公鸡：8 只，母鸡：11 只，小鸡：81 只

    公鸡：11 只，母鸡：6 只，小鸡：83 只

    公鸡：12 只，母鸡：4 只，小鸡：84 只

【例 5.16】 编写一个程序，输出 100 以内的素数。可用穷举法来判定一个数是否是素数。

分析：采用双重循环，外层循环对 2～100 这 100 个数逐个判定是否是素数，共循环 100 次；内层循环则对每个数 n 用数 2～n−1 逐个去除，如果有一个能除尽则跳出该层循环，说明该数不是素数。假如在所有的数都是未除尽的情况下结束循环，则该数为素数，此时有 i>=n，故可判定该数是素数并输出。然后转入下一次大循环。

此外，也可以只需对数 n 用 2～$\sqrt{n}$ 逐个去除就可判定该数是否是素数。因为假定 n 不是素数，则 n 一定不是 n=a*b(a≤b)的形式。其中，a 和 b 一一对应，显然 a≤$\sqrt{n}$，因此只需在 2～$\sqrt{n}$ 之间进行试除就可以了，这样将大大减少循环次数和程序运行时间。

程序如下：

```
#include<stdio.h>
#include"math.h"
void main()
{
    int n,i,k;
    int num=0;
    for(n=2;n<100;n++)
    {
        k=sqrt(n);
        for(i=2;i<=k;i++)
            if(n%i==0) break;
        if(i>k)
        {
            printf("\t%2d",n);
            num++;
            if(num%5==0)    printf("\n");    /*每行显示 5 个*/
        }
    }
}
```

程序运行结果：

    2   3   5   7   11

    13   17   19   23   29

```
31  37  41  43  47
53  59  61  67  71
73  79  83  89  97
```

注意：当 break 处于嵌套结构中时，它只跳出最内层结构，而对外层结构无影响。

习　题　5

一、单项选择题

1. 在 C 语言中，当 while 语句中的条件为(　　)时，结束该循环。
  A. 0　　　　　　　B. 1　　　　　　C. True　　　　D. 非 0

2. 以下程序段(　　)。
  ```
  int i, k;
  for(i=0, k=-1; k=1; i++, k++)
  printf("* *");
  ```
  A. 判断循环结束的条件非法　　　B. 是死循环
  C. 只循环一次　　　　　　　　　D. 一次也不循环

3. 若 k 为整型，以下 while 循环体中的语句执行(　　)次。
  ```
  k=2;
  while(k=0)
  {
        printf("%d",k);
        k--;
        printf("\n");
  }
  ```
  A. 无限次　　　　B. 0 次　　　　　C. 1 次　　　　　D. 2 次

4. 逻辑运算符两侧运算对象的数据类型(　　)。
  A. 只能是 0 或 1　　　　　　　B. 只能是 0 或非 0 正数
  C. 只能是整型或字符型数据　　D. 可以是任何类型的数据

5. C 语言用(　　)表示逻辑"真"值。
  A. true　　　　　B. t 或 y　　　　C. 非零数值　　D. 整数 0

6. 语句 while(!e);中的条件!e 等价于(　　)。
  A. e==0　　　　　B. e!=1　　　　　C. e!=0　　　　　D. ~e

7. 程序段 for (i=2; i==0;)　printf("%d", i--) ;的循环次数是(　　)。
  A. 无限循环　　　　　　　　　B. 循环次数不定
  C. 执行 0 次　　　　　　　　　D. 执行 1 次

8. 以下程序的输出结果为(　　)。
  ```
  main()
  {
  ```

```
    int x=10,y=10,i;
    for(i=0;x>8;y=++i)
    printf("%d %d ",x--,y);
}
```

　　A．10 1 9 2　　　　B．9 8 7 6　　　　C．10 9 9 0　　　　D．10 10 9 1

9．以下程序的输出结果为(　　)。

```
    int n=0;
    while(++n<=2);
    printf("%d",n);
```

　　A．2　　　　　　　　　　　　　　　B．3

　　C．4　　　　　　　　　　　　　　　D．有语法错误

10．以下程序段(　　)。

```
x=-1;
do
{
   x=x*x;
} while(! x);
```

　　A．是死循环　　　　　　　　　　　B．循环执行一次

　　C．循环执行二次　　　　　　　　　D．有语法错误

11．以下程序的输出结果为(　　)。

```
int x=3;
do
{
    printf("%d\n",x-=2);
} while(!(--x));
```

　　A．输出的是 1　　　　　　　　　　B．输出的是 1 和−2

　　C．输出的是 3 和 0　　　　　　　　D．死循环

12．以下程序的输出结果为(　　)。

```
main()
{
    int k=4,n=0;
    for(;n<k;)
    {
        n++;
        if(n%3!=0)   continue;
        k--;
    }
    printf("%d,%d\n",k,n);
}
```

A．1,1   B．2,2   C．3,3   D．4,4

二、阅读程序，写出输出结果

1．下列程序的输出结果是＿＿＿＿＿＿＿＿＿＿＿＿。

```
void main()
{
    int y=9;
    for( ; y>0;y--)
        if(y%3==0)    printf("%d",--y);
}
```

2．下列程序的输出结果是＿＿＿＿＿＿＿＿＿＿＿＿。

```
#include <stdio.h>
void main()
{
    int a=1,b=7;
    do
    {
        b=b/2;
        a+=b;
    } while (b>1);
    printf("%d\n",a);
}
```

3．下列程序的输出结果是＿＿＿＿＿＿＿＿＿＿＿＿。

```
#include <stdio.h>
void main()
{
    int i,j,p,s;
    s=0;
    for(i=1;i<=4;i++)
    {
        p=1;
        for(j=1;j<=i;j++)
            p=p*j;
        s=s+p;
    }
    printf("s=%d\n",s);
}
```

4. 下列程序的输出结果是_____。

```c
#include <stdio.h>
void   main()
{
        int i=1,s=3;
        do
        {
              s+=i++;
              if(s%7==0)   continue;
              else   ++i;
        }while(s<15);
        printf("i=%d\n",i);
}
```

5. 下列程序的输出结果是_____。

```c
#include<stdio.h>
void main()
{
        int i;
        for(i=1;i<=5; i++)
              switch(i%2)
              {
                    case 0 : i++; printf("#"); break;
                    case 1 : i+=2; printf("*");
                    default: printf("\n");
              }
}
```

三、编程题

1. 用 for 语句计算 s = 2 + 4 + 6 + ⋯ + 100。

2. 求 s = 1 + 2 + 3 + 4 + ⋯ + n，直到 s 的值不小于 28 888，此时 n 的值为多少？

3. 打印出 100～999 所有的"水仙花数"。所谓"水仙花数"是指一个 3 位数，其各位数字的立方和等于该数本身。例如，153 是一个水仙花数，因为 $153 = 1^3 + 5^3 + 3^3$。

4. 编程计算 1! + 2! + 3! + ⋯ + n!。

第 6 章 数 组

教学目标 ✍

> 掌握一维数组的定义和应用；
> 学会二维数组的定义和应用；
> 掌握字符数组的定义和应用。

前几章学习了 C 语言中几种基本数据类型，本章将学习一种新的构造类型——数组。我们已经知道一个数据需要定义一个变量，如果有多个数据，如全班 40 名学生的 C 语言成绩，那么就需要定义 40 个变量，这些数据可以用数组来存放。数组是一种最简单的构造类型，它包含着一组具有相同类型的变量，这些变量共用一个名字，用不同的下标进行区分，这些变量在内存中的存储位置是连续的。根据下标的个数不同，常用的数组有一维数组和二维数组。本章介绍 C 语言中一维数组、二维数组和字符数组的定义、初始化及使用方法等。

6.1 一 维 数 组

6.1.1 一维数组的定义

C 语言支持一维数组和多维数组。如果一个数组的所有元素都不是数组，那么该数组称为一维数组。C 语言规定，数组必须先定义，后使用。

一维数组的定义，其语法的一般格式为

    类型说明符 数组名[整型常量表达式];

例如：需要定义一个数组表示 4 门课的成绩，则其一维数组的语句为

    float score[4];

这表示定义了一个名为 score 的数组，该数组有 4 个元素，其存放的数据的类型为实型。

说明：

(1) 类型说明符用来说明数组元素的类型，可以是 int、char、float 或 double 等。

(2) 数组名的命名应遵守标识符的命名规则。

(3) 整型常量表达式表示的是数组元素的个数，即数组的长度。可以是正整型常量或符号常量，不允许使用变量。

例如，下列定义是正确的：

```
#define M 100
int a[10];              /* 说明整型数组 a，有 10 个元素 */
float b[M];             /* 说明实型数组 b，有 100 个元素*/
char ch[10];            /* 说明字符数组 ch，有 10 个元素 */
```

下列定义是错误的：

```
int m=10;
float a[m];             /*不能使用变量定义数组的长度*/
int b[-10];             /*不能使用负数定义数组的长度*/
char c(10);             /*不能使用( )定义数组*/
```

(4) 数组中每个元素的表示形式：数组名[下标]。其下标从 0 开始到整型常量表达式 −1 结束。

上例中的 float score[4];定义了数组 score[4]，该数组有 4 个元素(变量)，分别是 score[0]、score[1]、score[2]、score[3]。

注意：不能使用 score[4]，因为它不是该数组的元素。

(5) 编译程序为数组分配了一片连续的存储空间。C 语言还规定，数组名是数组的首地址，即 score == &score[0]。数组元素在内存中占用一片连续的存储空间，这一片连续的存储空间的首地址就可以用数组名表示，如图 6.1 所示。

图 6.1　数组 score 在内存中连续的存储空间

6.1.2　一维数组的初始化

数组的初始化是指在定义数组时给数组元素赋初值。

一维数组的初始化，其语法的一般格式为

类型说明符　数组名[整型常量表达式]={常量列表};

说明：

(1) 常量列表可以是数值型常量、字符常量或字符串。

(2) 数组元素的初值必须依次放在一对大括号内，各值之间用逗号隔开。例如：

```
int a[5] = {1,2,3,4,5};
```

表示在定义数组的同时将常量 1、2、3、4、5 分别赋给数组元素 a[0]、a[1]、a[2]、a[3]、a[4]。

数组初始化常见的几种形式如下：

(1) 对数组所有元素赋初值，此时数组定义中的数组长度可以省略。例如：

```
int a[5]={1,2,3,4,5};
```

或

```
int a[]={1,2,3,4,5};
```

(2) 对数组部分元素赋初值，此时数组长度不能省略。例如：

```
int a[5]={1,2};
```

即 a[0]=1，a[1]=2，其余元素为编译系统指定的默认值 0。

(3) 对数组的所有元素赋初值 0。例如：

　　int a[5]={0};

(4) 定义数组时不进行初始化，则该数组元素的值是不确定的。如果欲将数组所有元素的初值置为 0，可以采用如下方式：

　　static int a[10];　　/*static 为静态存储类型*/

(5) 在进行数组的初始化时，{}中值的个数不能超过数组元素的个数。例如：

　　int a[5]={1,2,3,4,5,6,7,8};

这是一种错误的数组初始化方式，在实际应用中需要大家注意。

6.1.3　一维数组的输入与输出

1．数组元素的表示形式

C 语言规定，对于数组不能整体操作，只能逐个元素进行操作。每个数组元素的表示形式为

　　数组名[下标表达式]

注意：下标表达式可以是整型常量、整型变量或整型表达式。其取值范围是 0～数组元素个数 −1。

例如：

　　int a[5], i;

a 数组元素可以表示的形式为 a[0]、a[i]、a[i−1]、a[i+1]、a[4]等。i 的取值为 0～4。

【例 6.1】　编程给一个整型数组中的元素赋值。

程序如下：

```
#include<stdio.h>
void main()
{
    int a[10];              /*定义包含 10 个整型数的数组，引用为 a[0]、a[1]、…、a[9]*/
    int i;
    for(i=0; i<10; i++)
        a[i]=i;             /*分别将 0~9 赋给数组元素*/
        for(i=0; i<10; i++)
    printf("%d ", a[i]);    /*输出数组元素*/
}
```

程序运行结果：

　　0 1 2 3 4 5 6 7 8 9

2．数组元素的输入

数组表示的并不是一个变量，而是一组变量。因而，不能直接将整个数组输入，而是要逐个输入数组元素，通常用循环结构来完成这一功能。例如：

```
int i, a[10];
for(i = 0; i <10; i++)
```

```
scanf("%d" , &a[i]);              /*从键盘输入数组元素的值；*/
```

3. 数组元素的输出

和数组元素的输入相同，数组元素的输出也不能由一个 printf 语句直接完成。同样要逐个输出数组元素，通常也用循环结构来实现。例如：

```
for(i = 0;i < 10;i++)
    printf("%d, " ,a[i]);         /*数组元素之间用逗号分隔*/
```

6.1.4　一维数组的应用

【例 6.2】　编写一个程序，通过键盘输入一个班有 80 名同学的成绩，并打印输出，要求每行输出 10 名学生的成绩。

分析：

(1) 定义一个有 80 个元素的一维数组。

```
int    score[80];
```

(2) 用 tor 循坏结构实现成绩输入。

```
for(i=0;i<80;i++)
    scanf(("%d", &score[i]);
```

(3) 用 for 循环结构实现成绩输出，要求每行显示 10 个数据。

```
for(i=0;i<80;i++)
    {printf("%5d",score[i]);
        if((i+1)%10==0) printf("\n");}      /*输出 10 个数据换行*/
```

程序如下：

```
#include<stdio.h>
#define M 80                          /*M 是符号常量，代表 80*/
void main()
{
  int i;
  int score[M];                       /*定义数组用来存放成绩*/
  printt("请输入%d 学生的成绩： ", M);   /*提示信息*/
  for(i=0;i<M;i++)                    /*输入成绩*/
      scanf("%d",&score[i]);
  for(i=0;i<M;i++)                    /*输出成绩*/
  {
      printf("%5d",score[i]);
      if((i+1)%10==0) printf("\n");    /*输出 10 个数据换行*/
  }
}
```

【例 6.3】　一个班有 30 名同学，编写一个程序，通过键盘输入成绩，并进行以下处理：

(1) 计算平均成绩。

(2) 求成绩的最高分和最低分，并记住对应元素的下标。

分析：

(1) 定义一个数组 score[M]存放成绩；定义变量 max 和 min 分别用来存放最大数的下标和最小数的下标；为 max 和 min 赋初始值：max=min=0;。

(2) 对成绩进行汇总求和，存入变量 s 中。

(3) 求平均数：average=s/n; 输出平均分 average。

(4) 从第 1 个元素开始逐个对元素进行判断：

      if(score[i]>score[max])　max=i;

      if(score[i]<score[min])　min=i;

直到最后一个元素。

(5) 输出 max、min、score[max]和 score[min]。

程序如下：

```c
#include "stdio.h"
#define M 30
main()
{
    int i,max,min;
    float score[M];                         /*定义 30 个元素的数组*/
    float average, s=0 ;
    max=min=0;
    printf("请输入%d 个学生的成绩：",M);
    for(i=0; i<M; i++)
    {
        scanf("%f",&score[i]);              /*输入成绩*/
        s=s+score[i];                       /*计算成绩的和*/
    }
    average=s/M;                            /*计算平均分*/
    printf("%d 个学生的平均分为：%.1f",M,average); /*输出平均分*/
    for(i=0;i<M;i++)
    {
        if(score[i]>score[max])   max=i;    /*将高分的下标赋给 max*/
        if(score[i]<score[min])   min=i;    /*将低分的下标赋给 min*/
    }
    printf("最高分是：%f,下标为：%d\n",score[max],max);
    printf("最低分是：%f,下标为：%d\n",score[min],min);
}
```

6.2 二 维 数 组

6.2.1 二维数组的定义

一维数组通常用来表示数据的线性关系,如全班学生一门课程的成绩。如果要保存全班学生 4 门课的成绩,像这种二维数据关系就需要二维数组。数组的维数是指数组的下标个数,一维数组只有一个下标,二维数组有两个下标。二维数组的应用之一是矩阵和行列式。与一维数组相同,二维数组也必须先定义,后使用。

二维数组的定义,其语法的一般格式为

　　类型说明符 数组名 [整常量表达式 1] [整常量表达式 2];

其中,常量表达式 1 表示第一维下标的长度,代表行数;常量表达式 2 表示第二维下标的长度,代表列数。例如:

　　int a[3][2];

该语句表示:

(1) 定义了整型二维数组 a,其数组元素的类型都是整型。

(2) a 数组有 3 行 2 列,共 3*2=6 个数组元素,如下:

　　a[0][0],a[0][1]

　　a[1][0],a[1][1]

　　a[2][0],a[2][1]

(3) 编译系统为 a 数组开辟 6 个连续的存储单元。C 语言中,二维数组中元素排列的顺序是:按行存放,即先存放 a[0]行,再存放 a[1]行,最后存放 a[2]行。每行中有二个元素也是依次存放。由于数组 a 说明为 int 类型,该类型占 4 个字节的内存空间,所以每个元素均占有 4 个字节,如图 6.2 所示。

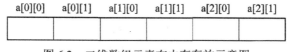

| a[0][0] | a[0][1] | a[1][0] | a[1][1] | a[2][0] | a[2][1] |

图 6.2　二维数组元素在内存存放示意图

(4) 也可以把二维数组看成是一种特殊的一维数组,即它的元素又是一个一维数组。例如,可将上面的 a 数组看成是一个一维数组,它有 3 个元素,分别是 a[0]、a[1]、a[2],每个元素又是一个包含 2 个元素的一维数组,如图 6.3 所示。因此可以把 a[0]、a[1]、a[2]看作是三个一维数组的名字。

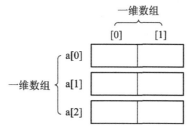

图 6.3　二维数组分解图

6.2.2 二维数组的引用

二维数组的引用也是逐个引用数组中的元素。

二维数组引用的一般形式为

数组名[下标 1] [下标 2]

其中，下标 1、下标 2 可以是常量、变量或表达式。

注意：必须把两个下标分别放在两个方括号内。另外，下标不能越界，应小于定义的行数、列数。

例如：

```
int a[3][2], i, j;
```

a[i][j]表示第 i 行第 j 列的元素，代表该元素在数组中的位置。整型数组 a[3][2]中 i 的取值为 0~2，j 的取值为 0~1。

6.2.3 二维数组的输入与输出

二维数组的输入输出与一维数组一样，只能对单个元素进行，一般采用双重循环。外层循环处理各行，内层循环处理一行的各列元素。例如：

```
#define M 3
#define N 2
int a[M]N];
for(i=0; i<M; i++)
    for(j=0; j<N; j++)
        {…}
```

【例 6.4】 编写一个程序，从键盘输入 5 名学生 3 门课程成绩，并输出。

程序如下：

```
#include<stdio.h>
#define M 5                    /*表示 5 名学生*/
#define N 3                    /*表示 3 门课程*/
void main()
{
    int a[M][N];
    int i,j;
    printf("请输入%d 名学生%d 门课程的成绩：",M,N);
    for(i=0; i<M; i++)          /*输入成绩*/
        for(j=0; j<N; j++)
            scanf("%d", &a[i][j]);
    for(i=0;i<M;i++)            /*输出成绩*/
    {
        for(j=0;j<N;j++)
            printf("%d   ", a[i][j]);
```

```
        printf("\n");                 /*换行*/
    }
}
```

6.2.4 二维数组的初始化

二维数组的初始化是在类型说明时给各元素赋初值。二维数组可按行分段赋值，也可按行连续赋值。其语法的一般格式为

类型说明符　数组名[行下标][列下标]={初始化数据};

说明：

(1) 分行初始化。例如：

int a[2][3]={{1,2,3},{4,5,6}};

注意：初始化的数据个数不能超过数组元素的个数。

(2) 按行初始化。例如：

int a[2][3]={1,2,3,4,5,6};

(3) 为部分元素初始化。例如：

static int a[2][3]={{1,2},{4}};

即 a[0][0]=1，a[0][1]=2，a[1][0]=4，其他元素皆赋值为 0。

(4) 可省略行下标的定义，但不能省略列下标定义。例如：

int a[ ][3]={1,2,3,4,5,6};

求解行下标大小的方法如下：

① 初值个数能被列下标整除，所得的商即是行下标的大小。

② 初值个数不能被列下标整除，所得的商+1 即是行下标的大小。

6.2.5 二维数组的应用

【例 6.5】 一个班级有 10 名学生，每名学生有三门课的考试成绩，编程计算全班各门课的平均成绩。

分析：

(1) 定义一个二维数组 score[10][3]存放 10 个学生三门课的成绩。

(2) 定义一个一维数组 avg[3]存放各门课的平均成绩。

(3) 首先用一个双重循环，在内循环中依次读入某一门课各名学生的成绩，并把这些成绩累加起来，退出内循环后再把该累加成绩除以 10 送入 avg[i]之中，即得该门课程的平均成绩。外循环共循环三次，分别求出三门课各自的平均成绩并存放在 avg 数组之中。

程序如下：

```
#include<stdio.h>
void main()
{
    int i, j;
    float s=0, avg[3], score[10][3];
    printf("请输入 10 名学生 3 门课的成绩\n");          /*提示信息*/
```

```
    for( i=0 ; i<3; i++)
    {
            for( j=0; j<10; j++)
            {
                    scanf("%f",&score[j][i]);              /*输入 10 名学生 i 门课的成绩*/
                    s = s + score[j][i];                   /*i 门课的成绩总和*/
            }
            avg[i] = s / 10;                               /*i 门课的平均成绩*/
            s = 0;
    }
    for(i=0;i<3;i++)
    {
            printf("第%d 门课的成绩：%.1f\n",i,avg[i]);
    }
}
```

【例 6.6】 有一个 3×4 的矩阵，编程求出其中最大值以及最大值所在位置。

```
    #include<stdio.h>
    void main()
    {
        int i,j,max,row=0,col=0;
        int a[3][4]={{2,14,-6,8},{3,7,9,21},{-9,16,0,5}};
        max=a[0][0];
        for (i=0;i<=2;i++)
            for (j=0;j<=3;j++)
                if (a[i][j]>max)
                {
                        max=a[i][j];
                        row=i;col=j;
                }
                printf("max=%d, row=%d, col=%d\n", max, row, col);
    }
```

程序运行结果：
    max=21, row=1, col=3

6.3 字 符 数 组

6.3.1 字符数组的定义与初始化

1. 字符数组的定义
用来存放字符型数据的数组称为字符数组。字符数组与前面学过的数组一样都必须先

定义后使用，其语法的一般格式为

　　　　char　数组名[常量表达式];

　　例如：

　　　　char c[10];

表示定义了数组 c 为字符数组，其中包含了 10 个元素。

2．字符数组的初始化

在定义字符数组的同时可以进行初始化，如图 6.4 所示。初始化的方法是将字符常量以逗号分隔写在花括号中。例如：

　　　　char s[7]={'p', 'r', 'o', 'g', 'r', 'a', 'm'};

　　在对全部元素指定初值时，可省略数组长度。例如：

　　　　char s[ ]= {'p', 'r', 'o', 'g', 'r', 'a', 'm'};

图 6.4　字符数组初始化示意图

　　注意：字符数组的每个元素存放在内存中的值是其对应的 ASCII 码值，故字符数组的处理基本上与整型数组相同。

　　【**例 6.7**】　编写一个程序，初始化字符数组并输出。

　　程序如下：

```
#include<stdio.h>
void main()
{
    int k;
    char s[12]={'H','o','w',' ','a','r','e',' ','y','o','u','?'};
    for (k=0;k<12;k++)
        putchar(s[k]);
}
```

程序运行结果：

　　　　How are you?

3．字符数组也可以是二维或多维数组

字符数组也可以是二维或多维数组。例如：

　　　　char c[5][10];

即表示一个二维字符数组。

　　【**例 6.8**】　读下列程序，写出输出结果。

　　程序如下：

```
#include<stdio.h>
void main()
{
    int i,j;
```

```
        char a[][5]={{'B','A','S','T','C',},{'P','A','S','T','C'}};
        for(i=0;i<=1;i++)                              /*外层循环控制行*/
          {
            for(j=0;j<=4;j++)                          /*内层控制列*/
                printf("%c",a[i][j]);
            printf("\n");
          }
        }
```
程序运行结果：

    BASIC
    PASIC

注意：本例的二维字符数组由于在初始化时全部元素都赋以初值，因此一维下标的长度可以不加以说明。

6.3.2 用字符数组存放字符串

在 C 语言中没有专门的字符串变量，通常用一个字符数组来存放一个字符串。字符串常量总是以 '\0' 作为串的结束符。当把一个字符串存入一个数组时，也把结束符 '\0' 存入数组，并以此作为该字符串是否结束的标志。

用字符串给字符数组初始化赋值，例如：

        char c[]={"How are you?"};

或去掉{}写为

        char c[ ]="How are you?";

也可写为

        char c[ ]={'H', 'o ','w',' ','a','r','e',' ','y', 'o', 'u', '?' '\0'};   /*最后一定要有'\0'*/

用字符串方式赋值比用字符逐个赋值要多占一个字节，用于存放字符串结束标志 '\0'。上面的数组 c 在内存中的实际存放情况如图 6.5 所示。

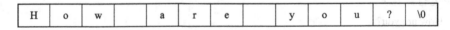

| H | o | w | | a | r | e | | y | o | u | ? | \0 |

图 6.5   字符串在内存中的实际存放情况

注意： '\0' 是由 C 编译系统自动加上的。由于采用了 '\0' 标志，所以在用字符串赋初值时一般无须指定数组的长度，而由系统自行处理。

6.3.3 字符数组的输入与输出

若字符数组存入了字符串，可用 printf 函数和 scanf 函数的%s 格式输出或输入一个字符数组中的字符串，不需要使用循环语句逐个输入输出字符。

1. 采用 printf()的%s 格式输出

例如：

```
void main()
{
    char c[]="How are you?";
    printf("%s\n",c);
}
```

输出结果：

How are you?

注意：printf 函数使用的格式为"%s"，表示输出的是一个字符串。在输出表列中给出数组名即可。不能写为

```
printf("%s",c[ ]);
```

2．采用 scanf 的%s 格式输入

例如：

```
void main()
{
    char st[20];
    printf("input string:\n");
    scanf("%s",st);              /*数组名 st 即是数组的首地址*/
    printf("%s\n",st);
}
```

说明：

(1) 定义数组长度为 20，输入的字符串长度最大为 19，字符串结束标志'\0'占一个字节。

(2) 当用 scanf 函数输入字符串时，字符串中不能含有空格，否则将以空格作为字符串的结束符。

例如：当输入的字符串中含有空格时，运行情况为

input string:

How are you?

输出结果：

How

注意：当字符串中有空格时，不适合用 scanf 函数输入字符串。

6.3.4 字符串处理函数

C 语言提供了丰富的字符串处理函数，大致可分为字符串的输入、输出、合并、修改、比较、转换、复制等。用于输入输出的字符串函数，在使用前应包含头文件 stdio.h，使用其他字符串函数则应包含头文件 string.h。

1．字符串输出函数 puts

字符串输出函数的一般格式为

puts (str);

说明：其功能是将字符数组 str 中包含的字符串或 str 所代表的字符串输出，同时将'\0'

转换成换行符。其中 str 可以是字符数组名、字符串常量、指向字符串的指针。

例如：

```
#include "stdio.h"
void main()
{
    char str[]="C Language ";
    puts(str);
    puts("Java");
}
```

程序运行结果：

C Language

Java

注意：用 puts 输出一行时，不必另加换行符 '\n'，这一点与 printf()的"%s"格式不同，后者不会自动换行。

2．字符串输入函数 gets

字符串输入函数的一般格式为

gets (str)；

说明：其功能是从标准输入设备键盘上输入一个字符串 str，并自动在末尾加上字符串结束标志符 '\0'。输入字符串时以回车键结束输入。

例如：

```
#include "stdio.h"
void main()
{
    char str[15];
    printf("input string:\n");
    gets(str);
    puts(str);
}
```

程序运行结果：

input string:

We　study　C Language✓

We　study　C Language

注意：gets 函数可以输入空格，这是与 scanf 函数不同的。

3．字符串连接函数 strcat

字符串连接函数的一般格式为

strcat (str1, str2)；

说明：其功能是将 str2 连同'\0'连接到 str1 的最后一个非 '\0' 字符后面。连接后的新字符串在 str1 中。其中，str1 可以是字符数组名或字符指针，str2 可以是字符数组名、字符指针或字符串常量。要注意的是，str1 应定义足够的长度，否则不能完全装入被连接的字符串。

例如：

```
#include "string.h"
void main()
{
    char str1[30]="My name is ";
    strcat(str1, "liming");
    puts(str1);
}
```

输出结果：

```
My name is liming
```

4．字符串拷贝函数 strcpy

字符串拷贝函数的一般格式为

```
strcpy (str1, str2);
```

说明：其功能是把 str2 中的字符串拷贝到 str1 中，字符串结束标志'\0'也一同拷贝。其中，str1 可以是字符数组名或字符指针，str2 可以是字符数组名、字符指针或字符串常量。另外，该函数要求 str1 应有足够的长度，否则不能全部装入所拷贝的字符串。

例如：

```
#include "string.h"
void main()
{
    char st1[15],str2[]="C Language";
    strcpy(str1,str2);              /*将 str2 中字符串复制到 str1 中*/
    puts(str1);
}
```

注意：由于数组不能进行整体赋值，所以不能直接使用赋值语句来给字符数组赋值。下面两个赋值语句是非法的。

```
str1=str2;
str1="program";
```

5．字符串比较函数 strcmp

字符串比较函数的一般格式为

```
strcmp(str1, str2);
```

说明：

(1) 该字符串的功能是按照 ASCII 码顺序比较两个数组中的字符串，并由函数返回值返回比较的结果。

(2) C 语言中关于字符串的比较不是比较字符串的长短，而是比较字符 ASCII 码的大小。字符串的具体比较规则是：将两个字符串从左至右逐个字符进行比较，直到出现不同

字符或遇到 '\0' 为止。例如：

    str1==str2，返回值=0；

    str1>str2，返回值>0；

    str1<str2，返回值<0。

其中，str1 和 str2 可以是字符数组名、字符指针或字符串常量。

    例如：

```
#include "string.h"
void main()
{
    char str1[15]="Java";
     char str2[ ]="C Language";
    if(strcmp(str1,str2)==0) printf("str1=str2\n");
    if(strcmp(str1,str2)>0) printf("str1>str2\n");
    if(strcmp(str1,str2)<0) printf("str1<str2\n");
}
```

    程序运行结果：

```
str1>str2
```

    注意：比较两个字符串是否相等一般用下面的语句形式：

```
if(strcmp(str1,str2)==0){…};
```

而不能直接判断，例如

```
if (str1==str2){…};
```

6. 测字符串长度函数 strlen

    测字符串长度函数的一般格式为

```
strlen(str);
```

    说明：其功能是计算字符串的实际长度(不含字符串结束标志'\0')并作为函数返回值。

其中，str 可以是字符数组名、字符指针或字符串常量。

    例如：

```
#include"string.h"
void main()
{
    char st[20]="Very Good";
    printf("The lenth of the string is %d\n",strlen(st));
}
```

    程序运行结果：

```
The lenth of the string is 9
```

    注意：在使用 strlen 计算字符串的长度时，总是以第 1 个 '\0' 作为字符串的结束标志，'\0'后面的内容不属于该字符串的内容。例如：

```
char str[20]="Hello\0world";
```

```
printf("The lenth of the string is %d\n",strlen(str));
```
上述程序的输出结果是 5。

6.4　程序设计综合实例

【例 6.9】　用冒泡法对 10 个整数由小到大进行排序。

分析:

(1) 定义数组存储 10 个数据。

(2) 排序时采用双重循环,外层循环控制比较的"轮"数(共 9 轮),内层循环控制每轮比较的"次"数。第一轮 10 个数比较 9 次,将最大数置于 a[9]中;第二轮 9 个数比较 8 次,将次大数置于 a[8]中;……;第九轮 2 个数比较 1 次,将次小数置于 a[1]中;余下的最小数置于 a[0]中。这种排序方法称为冒泡排序法。

程序如下:

```c
#include<stdio.h>
void main()
{
    int i,j,t,a[10];
    printf("请输入 10 个整数：\n");
    for (i=0; i<=9; i++)
        scanf("%d",&a[i]);
    printf ("\n");
    for (j=1; j<=9; j++)                 /*控制比较的轮数*/
        for (i=0;i<10-j;i++)             /*控制每轮比较的次数*/
            if (a[i]>a[i+1])             /*相邻元素相比较*/
            {
                t=a[i];                  /*交换数组元素的值*/
                a[i]=a[i+1];
                a[i+1]=t;
            }
    printf("由小到大排序：\n");
    for (i=0;i<=9;i++)
        printf ("%d   ",a[i]);
}
```

程序运行结果:

请输入 10 个整数:

5　8　3　21　0　−4　143　−12　67　42 ✓

由小到大排序:

−12　−4　0　3　5　8　21　42　67　143

【例 6.10】 编程将数组 a (2×3 矩阵)行列转置后保存到另一数组 b 中。

$$a = \begin{vmatrix} 1 & 2 & 3 \\ 4 & 5 & 6 \end{vmatrix} \qquad\qquad b = \begin{vmatrix} 1 & 4 \\ 2 & 5 \\ 3 & 6 \end{vmatrix}$$

分析： 矩阵转置的公式为 b[j][i] = a[i][j]。

程序如下：

```c
#include<stdio.h>
void main( )
{
    int a[2][3]={{1,2,3},{4,5,6}};
    int i,j,b[3][2];
    printf ("数组  a：\n");
    for (i=0;i<=1;i++){
        for (j=0;j<=2;j++)
        {
            printf ("%5d",a[i][j]);     /*输出 a 数组*/
            b[j][i]=a[i][j];            /*数组转置*/
        }
        printf ("\n");
    }
    printf ("数组  b：\n");
    for (i=0;i<=2;i++)
    {
        for (j=0;j<=1;j++)
            printf ("%5d",b[i][j]);
        printf ("\n");
    }
}
```

程序运行结果：

```
数组 a：
1    2    3
4    5    6
数组  b：
1    4
2    5
3    6
```

【例 6.11】 有 10 个评委，编写一个程序，采用百分制为比赛选手评分。

分析： 从 10 名评委的评分中扣除一个最高分，扣除一个最低分，然后统计总分，并除以 8，最后得到这个选手的最终分数。

程序如下：

```c
#include<stdio.h>
void main()
{
    float score[10];                    /*10 个评委的评分*/
    float mark;                         /*最后得分*/
    int i;
    float max;                          /*最高分*/
    float min;                          /*最低分*/
    float sum = 0;                      /*10 个评委的评分总和*/
    for( i = 0 ; i < 10 ; i ++)
    {
        printf("请输入第 %d 评委的评分",i+1);
        scanf("%f",&score[i]);
        sum = sum + score[i];           /*计算总分*/
    }
    max=score[0];                       /*第 1 个评委的评分为最高分*/
    for(i = 1 ; i < 10 ; i++)           /*找出最高分*/
    {
        if(score[i] > max)
            max = score[i];
    }
    min=score[0];
    for(i = 1;i < 10 ; i++)             /*找出最低分*/
    {
        if(score[i]<min)
            min = score[i];
    }
    mark = ( sum - min - max ) / 8;
    printf("最后得分为 %.1f\n" ,mark);
}
```

【例 6.12】 已知用户名是 Li Hong，密码是 LH123456。输入用户名和密码，判断如果用户名和密码正确，则输出登录成功。否则，输出提示信息"用户名或密码错误"。

分析：输入的用户名和密码都是字符串，必须调用 strcmp 函数比较字符串是否相同。

程序如下：

```c
#include <stdio.h>
#include <string.h>
void main()
```

```
    {
        char username[15],pwd[15];
        printf("\n 请输入用户名：  " );
        gets(username);
        printf("\n 请输入密码：  ");
        gets(pwd);
        if((strcmp(username,"Li Hong")==0) && (strcmp(pwd,"LH123456")==0))
            printf("\n 登录成功！\n ");
        else
            printf("\n 用户名或密码错误\n ");
    }
```

程序运行结果：

　　　请输入用户名：Li Hong✓

　　　请输入密码：LH123456✓

　　　登录成功！

习　题　6

一、单项选择题

1. 以下能正确定义一维数组的选项是(　　)。

　　A．int num [];

　　B．#define　N 100

　　　　　　int　num [N];

　　C．int num[0..100];

　　D．int　　N=100;

　　　　　　int　num[N];

2. 以下能正确定义一维数组的选项是(　　)。

　　A．int a[5]={0,1,2,3,4,5};

　　B．char a[]={0,1,2,3,4,5};

　　C．char a={'A','B','C'};

　　D．int a[5]="0123";

3. 若有定义语句"int a[3][6];"，按在内存中的存放顺序，a 数组的第 10 个元素是(　　)。

　　A．a[0][4]　　　　B．a[1][3]　　　　C．a[0][3]　　　　D．a[1][4]

4. 以下程序的输出结果为(　　)。

```
main()
{
    int p[8]={11,12,13,14,15,16,17,18},i=0,j=0;
    while(i++<7)
        if(p[i]%2)    j+=p[i];
    printf("%d\n",j);
}
```

　　A．42　　　　　　　B．45　　　　　　　C．56　　　　　　　D．60

5. 以下程序的输出结果为( )。

```
main()
{
        char a[7]="a0\0a0\0";
        int i,j;
        i=sizeof(a);
        j=strlen(a);
        printf("%d   %d\n",i,j);
}
```
    A. 2 2   B. 7 6   C. 7 2   D. 6 2

6. 以下不能正确定义二维数组的选项是( )。
    A. int a[2][2]={{1},{2}};   B. int a[][2]={1,2,3,4};
    C. int a[2][2]={{1},2,3};   D. int a[2][]={{1,2},{3,4}};

7. 已有定义 "char a[]="xyz",b[]={'x','y','z'};", 以下叙述中正确的是( )。
    A. 数组 a 和 b 的长度相同   B. a 数组长度小于 b 数组长度
    C. a 数组长度大于 b 数组长度   D. 上述说法都不对

8. 以下能正确定义二维数组的是( )
    A. int a[][3];   B. int a[][3]=2{2*3};
    C. int a[][3]={};   D. int a[2][3]={{1},{2},{3,4}};

二、阅读程序，写出输出结果

1. 下列程序的输出结果是_____。

```
main()
{
        int p[7]={11,13,14,15,16,17,18};
        int i=0,j=0;
        while(i<7 && p[i]%2==1)
                j+=p[i++];
        printf("%d\n",j);
}
```

2. 下列程序的输出结果是_____。

```
#include   <stdio.h>
main()
{
        int i,n[4]={1};
        for(i=1;i<=3;i++)
        {
                n[i]=n[i-1]*2+1;
```

```
        printf("%d   ",n[i]);
    }
}
```

3. 下列程序的输出结果是_____。

```
main( )
{
    int a[3][3]={{1,2,9},{3,4,8},{5,6,7}},i,s=0;
    for(i=0;i<3;i++)
        s+=a[i][i]+a[i][3-i-1];
    printf("%d\n",s);
}
```

4. 下列程序的输出结果是_____。

```
#include "string.h"
main()
{
    char ch[ ]="abc",x[3][4];
    int i;
    for(i=0;i<3;i++)
        strcpy(x[i],ch);
    for(i=0;i<3;i++)
        printf("%s",&x[i][i]);
    printf("\n");
}
```

三、编程题

1. 将一个数组中的值按逆序重新存放。例如，原来顺序为 8、6、5、4、1。要求改为 1、4、5、6、8。

2. 从键盘输入 20 个整型数据，统计其中正数的个数，并计算它们的和。

3. 任意输入 10 个数据，使用选择法对它们由大到小进行排序。

4. 某学习小组有 4 名同学，学习了 5 门课程，编程求出最高分和最低分及其对应的行号和列号。

第7章　函　　数

➢ 掌握函数定义和调用的方法；
➢ 了解主调函数和被调函数之间实参和形参的关系及数据传递规则；
➢ 掌握函数调用过程中不同变量的作用范围及存储方式；
➢ 了解内部函数和外部函数的用法。

通过前面几章的学习已经基本掌握 C 语言中 main()函数的简单编程方法。但在实际进行程序设计时，可能会遇到一些复杂的问题，或者出现在程序中需要多次重复使用同一程序段的情况，此时可以使用函数将问题得到简化。

7.1　函数的概念

函数是指具有特定功能的独立的一段程序。一个完整的 C 语言程序，是由一个且只能是一个主函数和其他若干个函数组成。主函数名指定为 main，而函数名可以按标识符的命名规则任意给定，当然，为方便理解和记忆，函数的名字最好能反映其实现的功能。

有了函数之后，就可以将某个常用的功能或者需要多次重复使用的一段程序预先编制成函数，在使用的地方按 C 语言规定的格式调用就行了。图 7.1 所示的就是一个程序中函数的多次调用。

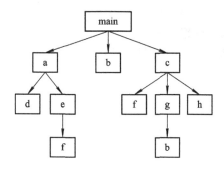

图 7.1　函数的多次调用

函数可以单独被编译。函数的使用能够实现模块化程序设计，达到简化设计的目的。模块化程序设计是把一个程序根据功能分解为若干个独立的模块后，由不同程序员分别设计并单独调试，从而大大缩短编程时间和编程工作量。

C 语言中的函数分为库函数和用户自定义函数两种。

(1) 库函数：这类函数由系统提供，包括最基本最通用的功能，用户使用较广泛。用户只需知道函数名，然后按规定格式直接调用即可。例如，要计算 a 的平方根值，在程序中写上 sqrt(a)，并在该源文件中使用#include <math.h>包含语句就可以了。

(2) 用户自定义函数：库函数中没有而用户要使用的函数，这类函数必须由用户自己进行定义。自定义函数的应用往往是局部的，一般仅供本领域或本单位或本人使用。本章介绍的主要是用户自定义函数。

注意：

(1) 不同版本的编译系统提供的库函数会有所不同，不同库函数的头文件也可能会不同，使用时注意查阅有关资料。

(2) 使用库函数必须在源文件的开头用#include 命令将调用的库函数信息包含到文件中来。

7.2 函数的定义和调用

7.2.1 函数的定义

C 语言规定，程序中使用的所有函数都必须进行定义。函数的定义，就是确定它的名称、参数的数量及类型、函数实现的功能、函数返回值及类型等，以保证编译系统正确识别该函数并实现它的功能。

函数的定义应包含有以下内容：

(1) 函数名：供编译系统识别，并供主调函数调用。

(2) 函数返回值及类型：以确定函数调用结束后带回来的数值及其类型。

(3) 参数的名字及类型：供函数调用时传递数据，若无参数可缺省。

(4) 函数体：用以实现函数功能的具体程序，如为空函数可缺省。

(5) 如有需要，还需指定函数的类型。

函数的定义，其语法的一般格式为

```
函数存储类型  函数返回值类型  函数名(形参列表)
{
    函数体
}
```

例如，以下定义的是一个求和函数 sum：

```
int sum(int x , int y)
{
    int z=x+y;
    return(z);
}
```

该函数的函数名为 sum，包含两个整型的形式参数 x、y，函数体的功能是求 x+y 的和，调用结束后带回运算结果为 z，称为函数返回值，其类型为 int，函数类型在此函数的定义中缺省。

有关函数的定义有以下几点说明：

(1) 程序的执行从 main() 函数开始，调用其他函数后回到 main() 函数，在 main() 函数中结束整个程序的运行。

(2) 函数的存储类型分为 static(内部函数) 和 extern(外部函数) 两类，缺省时为系统默认的 extern 类型。关于函数的存储类型详见章节 7.7。

(3) 函数返回值类型是指调用函数结束后带回来的数值类型。缺省时系统默认为 int 类型。如果调用函数只是完成一定的操作，而不需要函数返回值，其类型应为空类型 void。

(4) 函数名的命名应遵循 C 语言中标识符的命名规则。

(5) 形参可有可无。若无形参，函数名后的 () 不能省略，() 内或空缺或为 void。若有形参，形参的格式为：(形参类型　形参名称)；若有多个形参，则形参间以逗号隔开。

(6) 函数体如果缺省，该函数称为空函数。调用空函数时，什么操作都不做，没有任何实际意义，所以空函数的运用一般是为将来的扩充功能预留位置。

7.2.2　函数的调用

定义好了一个函数后，主调函数通过调用就能够实现该函数的功能。函数的调用指的是一个函数(称之为主调函数)在执行中暂停，转而执行另一个函数(称之为被调函数)的过程。被调函数执行完毕，返回到主调函数暂停处继续执行，称为函数调用返回。由此可见，函数的调用其实就是主调函数利用被调函数实现主调函数所需要的特定功能。

需要注意的是，主调函数和被调函数是相对的，它们依据的是函数调用过程中调用和被调用的关系。如 a 函数调用 b 函数，b 函数又调用 c 函数，则 b 函数相对 a 函数而言为被调用函数，但相对 c 函数来说却是主调函数。

C 语言中调用函数的一般格式为

　　　　函数名(实参列表)

或

　　　　函数名(实参列表);

注意：函数调用时，() 中的实参应与函数定义时 () 中的形参在数量、位置、类型上一一对应。

按函数调用在程序中出现的形式和位置来分，可将其分为以下三种调用方式。

1. 函数表达式

函数的调用出现在表达式中，则函数的返回值参与表达式的运算。此时函数调用不能有分号。

例如，已有之前定义的求和函数 sum，则赋值语句 int a=sum(2,3)+5; 的结果为 10。

2. 函数参数

函数的调用出现在实参的位置上，则函数的返回值作为该位置上的实参使用。同样，这时的函数调用也不能有分号。

例如，对于前面的求和函数 sum，赋值语句 int a=sum(2,sum(2,3))+5;的结果为 12。

3. 函数语句

函数调用作为单独的一条语句出现，不需要函数返回值，只要求函数完成一定的操作。作为语句，函数调用必须加上分号。

【例 7.1】 编程比较从键盘输入的两个整数的大小，并显示其中较大的数。

程序如下：

```c
#include <stdio.h>
void max(int x,int y)                    /*定义一个 max 函数*/
{
    int z;                               /*定义一个整型变量 z*/
    z=x>y? x:y;                          /*对变量 z 赋值，取 x 和 y 中的大数*/
    printf("较大数是：%d",z);            /*显示 z*/
}
void main()
{
    int a,b;
    printf("请输入任意两个整数：");
    scanf("%d,%d",&a,&b);
    max(a,b);                            /*调用自定义函数 max*/
    printf("\n");                        /*换行*/
}
```

程序运行结果：

请输入任意两个整数：3,9✓

较大数是：9

程序分析：

(1) 函数 max 的功能是在两个整型数中选出数值大的一个并显示出来。

(2) 主函数中调用函数 max 时是作为语句出现的，其后必须加分号。

(3) 被调函数 max 不要求函数带回值，故函数体中无需 return 语句。

(4) 主函数 main 和自定义函数 max 的先后顺序没有严格要求。本例中自定义函数是先定义后调用，所以在主函数中可以直接调用；但如果自定义函数的定义在调用之后，则主函数调用自定义函数前必须进行函数说明。

7.2.3 函数说明

由于程序的编译是从上到下逐行进行的，所以可能会遇到需要函数说明的情况。例 7.1 中，函数 max 的定义是在主函数调用之前进行的，这种情况不需要函数说明。C 语言也允许函数 max 在主函数调用之后定义，但主函数调用函数 max 前必须进行函数说明。函数说明的作用是把函数名、函数参数的数量和类型等相关信息告之编译系统，供编译系统识别其为函数而不是常量、变量、数组名等其他对象。

函数说明的一般格式为

　　函数存储类型　函数返回值类型　函数名(形参列表);

可以看出，函数说明就是在函数定义中的第一行后面加上分号即可。需要注意的是，函数存储类型、函数返回值类型、函数名应与其后需调用函数一致。

如例 7.1 可以改写成:

```
#include <stdio.h>
void main()
{
    int a,b;
    void max(int x, int y);              /*对其后定义的函数 max 进行函数说明*/
    printf("请输入任意两个整数: ");
    scanf("%d,%d",&a,&h);
    max(a,b);                            /*调用函数 max */
    printf("\n");
}
void max(int x,int y)                    /*定义函数 max */
{
    int z;
    z=x>y? x:y;                          /*x 和 y 中值大者赋值给 z*/
    printf("较大数是: %d",z);
}
```

7.3　函数间的数据传递

在调用有参函数时，主调函数和被调函数之间需要有数据的传递关系。其中，定义函数时函数名后面括号中的变量名称为"形式参数"，简称"形参"；而主调函数在调用函数时，函数名后面括号中的参数称为"实际参数"，简称"实参"。实参的形式可以是常量、变量、表达式，还可以是函数调用。

函数间数据传递方式主要有传值方式和传址方式，除此以外还可以用全局变量来传递数据。对于各种不同的数据传递方式，特别要注意形参变化对实参的影响。

7.3.1　传值方式

在调用函数过程中，系统把实参的值传递给被调用函数的形参，使形参从实参中得到一个值。该值在函数调用期间有效，参加被调函数中的运算。所需要的运算结果只能由return语句带回到主调函数。

传值方式传递数据应注意以下几个问题：

(1) 只能是按位置对应关系由实参向形参传递数据，这种传递是单向进行的。实参无论使用哪种形式，都必须具有确定的值。

(2) 实参与形参的类型应一致或能够赋值兼容。

(3) 在被调用函数未被调用时，形参并不占用内存单元。只有在函数调用过程中，形参才被临时分配存储单元，调用结束，形参所占单元即被释放。而实参单元保留并维持原值。所以形参值的改变不会影响对应实参的值。

(4) 形参属于局部变量。关于局部变量，详见章节 7.5。

(5) 实参和形参因属于不同存储单元，所以可以同名，也可以不同名。

【例 7.2】　编程将两个整数自增后求和。

程序如下：

```
#include <stdio.h>
void main()
{
    int a=2,b=3,s;
    int sum(int x,int y);              /*函数说明*/
    s=sum(a,b);                       /*调用函数求和*/
    printf("a=%d,b=%d,s=%d\n",a,b,s);  /*显示实参 a、b 及求和结果*/
}
int sum(int x,int y)                  /*定义求和函数 sum*/
{
    int z=++x+(++y);                  /*形参 x、y 自增后求和*/
    printf("x=%d,y=%d\n",x,y);        /*显示形参 x、y*/
    return(z);                        /*求和结果作为返回值*/
}
```

程序运行结果：

```
x=3,y=4
a=2,b=3,s=7
```

程序分析：

(1) 函数 sum 中有形参 x 和 y 自增的运算，所以调用结束后，x 和 y 在初始值的基础上发生了变化。

(2) 实参 a 和 b 不受形参 x 和 y 变化的影响，调用结束后，a 和 b 的值不会发生变化。

(3) 被调函数将数据带回到主调函数是由 return 语句完成的，形参值虽然在调用过程中发生了变化，但不会带回到主调函数。

7.3.2　传址方式

传址方式是在主调函数和被调函数间进行地址的传递，传送给被调用函数形参的不是数据，而是地址常量。传址方式一般以数组名或指针作为形参，实参则为数组的首地址，这样形参和实参数组(或指针)就占用同一存储地址，具有相同的首地址。如果在被调用函数中修改了元素值，调用函数后实参数组元素值也相应发生变化。

使用地址传递可实现被调用函数将多个返回值带给主调函数。

【例 7.3】 分析下列程序执行结果。

程序如下:

```
#include <stdio.h>
a(int y[]);                                          /*函数说明*/
void main()
{
    static int x[4]= {1,2,3,4};                      /*定义一维数组 x*/
    printf("调用前数组元素值：");
    printf("%d,%d,%d,%d\n",x[0],x[1],x[2],x[3]);     /*显示调用函数 a 前数组各元素值*/
    a(x);                                            /*调用函数 a*/
    printf("调用后数组元素值：");
    printf("%d,%d,%d,%d\n",x[0],x[1],x[2],x[3]);     /*显示调用函数 a 后数组各元素值*/
}
a(int y[])                                           /*定义函数 a*/
{
    int n;
    for(n=0;n<4;n++)
    y[n]=y[n]-1;                                     /*数组元素值依次减 1*/
}
```

程序运行结果:

    调用前数组元素值：1,2,3,4
    调用后数组元素值：0,1,2,3

程序分析:

(1) 被调函数形参是数组 y,调用函数实参是数组 x 的首地址,参数传递后,数组 y 具有与数组 x 相同的首地址。

(2) 形参数组 y[n]和实参数组 x[n]指的是同一单元,y[n]和 x[n]具有相同的值。因此,数组 y 各元素修改后,数组 x 各元素值也发生相应的变化。

注意:

(1) 用数组元素作实参时,向形参传递的是数组元素的值,这种参数传递为传值方式;而用数组名作实参时,向形参传递的是数组的首地址,这种参数传递是传址方式。

(2) 用数组名作参数,应在主调函数和被调函数中分别定义数组。

(3) 实参数组和形参数组类型必须一致,否则结果将会出错。

(4) C 语言编译系统不检查形参数组的大小,只是在调用函数时将实参数组的首地址传给形参数组名,所以形参数组可以不指定大小。

7.4 函数的嵌套与递归

7.4.1 函数的嵌套调用

在 C 语言中,函数之间的相互调用称为嵌套调用。

C 语言各函数定义是互相平行的、独立的，不允许在一个函数体内定义另外的函数，也就是不允许嵌套定义。但可以在调用一个函数的过程中再调用另一个函数，即嵌套调用。

函数的嵌套调用过程如图 7.2 所示。

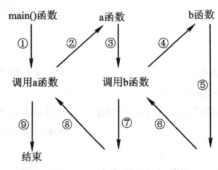

图 7.2 函数的嵌套调用过程

【例 7.4】 用函数嵌套调用方式，找出输入的 3 个整数中的最大数。

程序如下：

```c
#include <stdio.h>
void main()
{
    int max3(int a, int b, int c);              /*函数说明*/
    int a,b,c,max;
    printf("请输入 3 个整数：");                /*显示提示信息*/
    scanf("%d, %d, %d", &a, &b, &c);            /*从键盘输入 3 个整数*/
    max=max3(a,b,c);                            /*将函数 max3 的返回值赋给变量 max*/
    printf("最大数为：%d\n", max);              /*将函数 max3 的返回值赋给变量 max*/
}
int max3(int a, int b, int c)                   /*定义函数 max3 从 3 个数中选值大者*/
{
    int max2(int a, int b);                     /*函数说明*/
    int m;
    m=max2(a,b);                                /*嵌套调用函数 max2*/
    m=max2(m,c);
    return(m);                                  /*将 3 个数中的最大数作为返回值*/
}
int max2(int a, int b)                          /*定义函数 max2 从 2 个数中选值大者*/
{
    if(a>=b)
    return (a);
    else
    return (b);
}
```

程序运行结果：

　　请输入 3 个整数：32,56,28✓

　　最大数为：56

程序分析：

(1) 函数 max3 的作用是找出 3 个数中的最大者，但 2 个数大小的比较是通过调用函数 max2 来实现的。

(2) 函数 max2 的作用是找出 2 个数中的大者。通过多次调用 max2 函数，就可以找出多个数中的最大者。

7.4.2　函数的递归调用

函数除了可以调用别的函数之外，还可以自己调用自己。在调用一个函数的过程中直接或间接地调用该函数本身称为函数的递归调用。

直接递归调用就是在调用 a 函数的过程中，又要调用 a 函数本身，如图 7.3 所示。

间接递归调用就是在调用 a 函数的过程中要调用 b 函数，而在调用 b 函数过程中又要调用 a 函数，如图 7.4 所示。

图 7.3　直接递归调用　　　　　　　图 7.4　间接递归调用

函数递归调用的过程中，必须要有终止递归的条件，否则会出现函数不停地调用自身而出现死循环，并且可能由于无限占用内存而造成系统崩溃的严重后果。

【例 7.5】　用递归方法求 n!。

程序如下：

```
#include <stdio.h>
void main()
{
    int fac(int n);                    /*函数说明*/
    int n;
    int y;
    printf("请输入 1 个整数：");
    scanf("%d", &n);
    y=fac(n);                          /*调用函数 fac()*/
    printf("%d!=%d\n", n, y);
}
int fac(int n)                         /*定义函数 fac()*/
{
    int f;
```

```
        if(n<0)
        printf("n<0，数据错误 ");              /*负数为输入错误*/
        else if((n==0) ‖ (n==1))
        f=1;                                 /*0 和 1 的阶乘为 1*/
        else   f=fac(n-1)*n;                 /*大于 1 时递归调用计算阶乘*/
        return(f);
    }
```

程序运行结果：

请输入 1 个整数：5✓

5!=120

程序分析：

(1) 阶乘的定义：负数没有阶乘，0!=1!=1，当 n>1 时，n!=n*(n-1)!=n*(n-1)*(n-2)*···*2*1。

(2) 递归的调用过程：

第一次调用 n=5，返回 5*fac(4)时，把 5 放入堆栈，再调用 fac(4)；

第二次调用 n=4，返回 4*fac(3)时，把 4 放入堆栈，再调用 fac(3)；

第三次调用 n=3，返回 3*fac(2)时，把 3 放入堆栈，再调用 fac(2)；

第四次调用 n=2，返回 2*fac(1)时，把 2 放入堆栈，再调用 fac(1)；

第五次调用 n=1，此时不满足递归调用的条件，结束递归调用，返回 1；

返回第四次调用，从堆栈取出 2，返回 2*fac(1)；

返回第三次调用，从堆栈取出 3，返回 3*fac(2)；

返回第二次调用，从堆栈取出 4，返回 4*fac(3)；

返回第一次调用，从堆栈取出 5，返回 5*fac(4)；

最后回到函数 main()。

(3) 终止递归条件是由 if 语句设置的，即当 n=1 时将不再继续进行递归调用。

注意：通过函数的递归调用可以为许多问题提供简单的解决办法，但函数的递归调用也存在容易出错及过多占用内存的缺点，所以应该正确地理解和使用递归函数。

7.5　变量的作用域

变量的作用域指的是变量的有效范围。C 语言中，每一个变量都有一个作用域的问题。在不同位置定义的变量，作用域也有所不同，从变量的作用域来划分，变量分为局部变量和全局变量。

7.5.1　局部变量

局部变量是指在一定范围内有效的变量，以下各位置定义的变量均属于局部变量：

(1) 在函数体内定义的变量，只在本函数范围内有效。

(2) 在复合语句内定义的变量，只在本复合语句范围内有效。

(3) 形式参数，只在所在的函数范围内有效。

例如：

```
float f1(int x, int y)                    /*函数 f1()中形参 x、y 是局部变量*/
{
    int a,b;                              /*函数 f1()中变量 a、b 是局部变量*/
    ...
}
int f2(char c1)                          /*函数 f2()中形参 c1 是局部变量*/
{
    int b,d;                              /*函数 f2()中变量 b、d 是局部变量*/
    ...
}
void main()
{
    int a,c;                              /*函数 main()中变量 a、c 是局部变量*/
    ...
    {
        int x,y;                          /*main()的复合语句中变量 x、y 是局部变量*/
        ...
    }
    ...
}
```

注意：

(1) 函数 f1()中的形参 x、y 和变量 a、b 只在函数 f1()中有效；函数 f2()中形参 c1 和变量 b、d 只在函数 f2()中有效；函数 main()中变量 a、c 只在函数 main()中有效；函数 main()的复合语句中的变量 x、y 只在本复合语句中有效。

(2) 由于局部变量的作用域不同，所以不同函数和不同的复合语句中的局部变量可以同名。

7.5.2　全局变量

程序的编译单位是源程序文件，一个源文件由一个或多个函数组成。在函数内定义的变量是局部变量，在函数之外定义的变量则是外部变量，外部变量就是全局变量。全局变量的作用域不是局限于一个函数，而是供多个函数共用，一般情况下，其有效范围从全局变量定义的位置开始到本源程序结束为止。例如：

```
int a, b;                                /*函数外定义全局变量 a 和 b*/
float f1(float x, float y)
{
    ...
```

```
        }
        char c1,c2;                    /*函数外定义全局变量 c1 和 c2*/
        int f2(int p)
        {
          ...
        }
        double t,s;                    /*函数外定义全局变量 t 和 s*/
        main()
        {
          ...
        }
```

注意：

(1) 变量 a、b、c1、c2、t、s 均在函数之外定义，都属于全局变量。由于各变量定义的位置不同，所以作用域也不同。其中全局变量 a、b 的有效范围为函数 f1()、函数 f2()、函数 main()；全局变量 c1、c2 的有效范围为函数 f2()、函数 main()；全局变量 t、s 的有效范围仅为函数 main()。

(2) 在一个函数中既可以使用本函数中的局部变量，也可以使用有效的全局变量，如函数 f2() 可以使用形参 p 及有效的全局变量 a、b、c1、c2。

(3) 全局变量允许与局部变量同名。当局部变量有效时，与之同名的全局变量将在该范围内无效。

(4) 利用全局变量可以增加各个函数间的数据联系渠道，因为如果在一个函数中改变了全局变量的值，就会影响其他函数的执行结果。但全局变量的使用会使函数的通用性降低，可移植性和可读性变差，因此要限制使用全局变量。

【例 7.6】 有一个一维数组，存放有 10 名学生成绩，写一个函数，当主函数调用此函数后，能求出平均分、最高分和最低分。

程序如下：

```
        #include <stdio.h>
        float max=0, min=0;            /*定义全局变量 max 和 min*/
        float average(float a[ ], int n)  /*定义函数 average*/
        {
          int i;                       /*定义局部变量 i*/
          float aver, sum=a[0];        /*定义局部变量 aver 和 sum*/
          max=min=a[0];                /*全局变量 max 和 min 初始化*/
          for(i=1; i<n; i++)
          {
            if(a[i]>max)   max=a[i];   /*取最高分*/
            if(a[i]<min)   min=a[i];   /*取最低分*/
            sum=sum+a[i];              /*求总分*/
```

```
    }
    aver=sum/n;                      /*求平均分*/
    return(aver);                    /*返回平均分*/
}
void main()
{
    float ave, score[10];
    int i;
    printf("请输入 10 名学生成绩: ");
    for(i=0; i<10; i++)
    scanf("%f", &score[i]);          /*输入 10 名学生成绩*/
    ave=average(score, 10);          /*调用函数 average 求平均分*/
    printf("最高分为: %6.2f\n 最低分为: %6.2f\n 平均分为: %6.2f\n", max, min, ave);
}
```

程序运行结果:

请输入 10 名学生成绩: 85 60 79 88 96 65 98 81 73 80↙

最高分为: 98.00

最低分为: 60.00

平均分为: 80.50

程序分析:

(1) 调用一个函数只能得到一个函数返回值,现在需要 3 个结果,可以利用全局变量来达到目的,所以将最高分 max 和最低分 min 设置为全局变量。

(2) 由于 max 和 min 是全局变量、是公用的,因此各函数都可以直接引用它们,也可以向它们赋值。本程序中就是在 average 函数中改变了它们的值后供主函数使用的。

7.6　变量的存储类型

7.6.1　静态存储方式和动态存储方式

如上节所述,从变量的作用域范围来分,变量可以分为全局变量和局部变量。

有的变量在程序运行的整个过程中都存在,而有的变量只在调用其所在函数时才存在,调用结束后就不存在了。如果从变量值存在的时间来分,则可以将变量的存储方式分为两种: 静态存储方式和动态存储方式。静态存储方式是指在程序运行期间由系统分配固定的存储空间的方式,动态存储方式则是在程序运行期间根据需要进行动态分配存储空间的方式。

在内存中,供用户使用的存储空间分为三个部分: 程序区、静态存储区和动态存储区,如图 7.5 所示。

用户区

| 程序区 |
| 静态存储区 |
| 动态存储区 |

图 7.5　用户存储区

数据按照不同的存储类型分别存放在静态存储区和动态存储区中。全局变量全部存放在静态存储区中，在程序开始执行时给全局变量分配存储空间，程序执行完毕后再释放。在程序执行过程中它们始终占据固定的存储空间。

而动态存储区中存放的数据，是在函数调用开始时才分配动态存储空间的，函数结束时即释放这些空间的。在程序执行过程中，这种分配和释放是动态的。例如一个程序中两次调用同一个函数，在两次调用时分配给该函数中局部变量的存储地址可能是不相同的。

动态存储区中存放以下几种数据：

(1) 函数的形式参数。

(2) 自动变量。

(3) 函数调用时的现场保护和返回地址等。

在 C 语言中，每一个变量和函数都有两个属性：数据类型和数据的存储类型。数据类型说明变量占用存储空间的大小，如整型、实型、浮点型等；数据的存储类型指的是变量在内存中的存储方式。C 语言中，变量的存储类型包括四种：自动变量(auto 类型)、静态变量(static 类型)、寄存器变量(register 类型)和外部变量(extern 类型)。

在定义和声明变量与函数时，应同时指定其数据类型和存储类型，如无指定，则采用系统默认方式加以认定。

7.6.2　变量的存储类型

1．自动变量(auto 类型)

自动变量的数据存储在动态存储区中，存储空间是动态分配的，函数调用结束时将自动释放所占存储空间。其语法的一般格式为

　　　auto　数据类型　变量名列表;

例如：

```
int f(int a)
{
    auto int x, y=1;
    …
}
```

注意：

(1) f()函数执行结束后，形参 a 和自动变量 x、y 所占存储单元将自动释放。

(2) auto 类型为系统默认类型，故关键字 auto 可以省略不写。因此，函数体中，auto int x, y=1; 与 int x, y=1; 完全等价。

2．静态变量(static 类型)

静态变量的数据存储在静态存储区中，在整个程序运行期间，静态变量分配的存储空间是固定不变的。

static 类型既可以定义局部变量，又可以定义全局变量，其语法的一般格式为

　　　static　数据类型　变量名列表;

将局部变量定义成 static 类型，可以使函数中局部变量的值在函数调用结束后不消失而

继续保留原值，下一次再次调用该函数时，该变量沿用上一次函数调用结束时的值。

【例 7.7】 分析下列程序的运行结果。

程序如下：

```
#include <stdio.h>
int f(int a)                      /*定义函数 f*/
{
    auto int b=1;                 /*定义自动变量 b 并赋初值*/
    static int c=5;               /*定义静态变量 c 并赋初值*/
    b=b+1;
    c=c+1;
    return(a+b+c);                /*设定返回值*/
}
void main()
{
    int a=2, i;
    for(i=0; i<3; i++)            /*设定循环次数为 3*/
    printf("%d\n", f(a));         /*显示调用函数 f()的返回值*/
}
```

程序运行结果：

```
10
11
12
```

程序分析：函数 f()中，局部变量 b 为 auto 类型，故属于动态存储方式，每次调用结束后其值不保留，三次调用时变量 b 的初值均为 1。而局部变量 c 为 static 类型，属于静态存储方式，所以每次调用结束后其值继续保留，下次再调用时将沿用上次的结果。也就是说，第一次调用函数 f()时，变量 c 的初值为 5，则第二次调用函数 f()时，变量 c 的初值为上次调用结束时的值，即 6，而当第三次调用函数 f()时，变量 c 的初值为第二次调用结束时的值，即 7。

说明：

(1) 静态局部变量是在编译时赋初值的，即只赋初值一次，在程序运行时它已有初值。以后每次调用函数时不再重新赋初值，只是沿用上次函数调用结束时的值。而自动变量是在函数调用时进行赋值的，每调用一次函数就重新赋值一次，函数调用结束后其值将不存在。

(2) 如果定义局部变量时没有对其赋初值，对静态局部变量，编译时自动赋初值，数值型变量的初值为 0，字符变量的初值为空字符"\0"；而自动变量的初值将是一个不确定的值。

(3) 静态局部变量虽然在静态存储区中分配存储空间，但它仍然只能被本函数引用，而不能被其他函数引用。

如果将全局变量定义为 static 类型，则把该全局变量的作用域限制在本文件范围内，其他文件将不能引用。

例如：

```
file1.c
static int a,b;
void main()
{
  ...
}
```

则全局变量 a 和 b 只能用于文件 file1.c。

注意：

(1) 将全局变量定义为 static 类型，是为了避免出现其他文件使用相同的外部变量名而被误用的情况。这就为程序的模块化、通用性提供了方便。

(2) 全局变量无论是否定义为 static 类型，都是在编译时分配内存的，都存放在静态存储区中。把全局变量定义为 static 类型的作用只是将其作用域限制在本文件范围中。

3. 寄存器变量(register 类型)

通常情况下，变量的值都是存放在内存中的。对于一些需要大量而频繁使用的变量，反复对内存进行存取将花费大量的时间而降低程序执行的效率。由于 CPU 中的寄存器存取速度远高于内存的存取速度，为提高效率，允许将局部变量的值存放到寄存器中，这种变量称为寄存器变量。其语法的一般格式为

register 数据类型 变量名列表;

说明：

(1) 寄存器变量的有效范围仅限于本函数内。

(2) 寄存器变量存放在寄存器中，由于计算机中寄存器数量不多，故不能定义太多的寄存器变量。

(3) 只有自动变量和形式参数可以定义为寄存器变量，全局变量及静态存储的局部变量是不能定义为寄存器变量的。

(4) 随着计算机性能的提高，编译系统已经能够识别使用频繁的变量，并自动地将这些变量放在寄存器中而不需要程序员指定。因此现在实际上并没有必要使用寄存器变量。

4. 外部变量(extern 类型)

一般来说，外部变量就是在函数外部定义的全局变量，它的作用域是从变量的定义处开始，到本程序文件的结束，在其有效的作用范围内，全局变量可以被程序中的各个函数引用。

但是如果程序员希望能将全局变量的作用域进行扩展，则可以利用 extern 类型加以说明。其语法的一般格式为

extern 数据类型 变量名列表;

利用 extern 说明来扩展全局变量的作用域，常见的情况有以下两种：

第一种情况是在一个文件内部扩展全局变量的作用域。因为全局变量的作用范围是从定义处开始到文件结束，所以在全局变量定义处之前的函数是不能引用该全局变量的。但

如果用 extern 对该变量加以说明,则该变量在文件中的作用域就扩展到了对变量进行 extern 说明的位置，即全局变量的作用域为从 extern 说明处开始至文件结束。

【例 7.8】　　求 3 个整数中的最大数。

程序如下：

```
#include <stdio.h>
int max()
{
    extern int x, y, z;                /*将全局变量 x、y、z 的作用域扩展至此处*/
    int m;
    m=x>y? x: y;                       /*将 x、y 中值大者赋值给 m*/
    if(z>m)   m=z;                     /*取 m 与 z 中值大者*/
    return(m);                         /*将 3 个整数中的最大数作为返回值*/
}
int x, y, z;                           /*定义全局变量 x、y、 z*/
void main()
{
    printf("请输入 3 个整数：");
    scanf("%d %d %d", &x, &y, &z);     /*键盘输入 3 个整数*/
    printf("最大数是：%d\n", max());    /*显示 3 个整数中的最大数*/
}
```

程序运行结果：

请输入 3 个整数：39　56　17✓

最大数是：56

程序分析：由于全局变量 x、y、z 不是在文件开头定义的，所以函数 int max()是不能引用全局变量 x、y、z 的。通过对全局变量进行 extern 说明后，把 x、y、z 的作用域扩展到该位置，这样函数 int max()就可以合法地使用全局变量 x、y、z 了。

说明：

(1) 虽然通过 extern 说明可以扩展全局变量的作用域，但为了使程序更加简明、易读，还是应该尽量将全局变量的定义放在引用它的所有函数之前。

(2) extern 说明不是定义变量，所以进行 extern 说明时可以不指定类型，而只需写出全局变量名即可。因此 “extern int x, y, z;” 可以写成 “extern x, y, z;”。

第二种情况是将一个文件中的全局变量的作用域扩展到其他文件。例如一个程序由两个文件组成，若两个文件中都用到同一个外部变量 a，则不能在两个文件中各自定义外部变量 a，否则程序连接时将出现 “重复定义” 的错误。解决办法就是在任何一个文件中定义外部变量 a，而在另一个文件中进行 extern 说明即可，这样就将变量 a 的作用域扩展到了另一个文件。

例如：

```
/*文件 1 file1.c*/
int x;                  /*全局变量 x*/
```

```
void main()
{
    …
}


/*文件 2 file2.c*/
extern x;                /*用 extern 声明后，变量 x 的作用域由 file1.c 扩展到 file2.c*/
fun(int a)
{
    …
    x=x+a;
    …
}
```

注意：通过 extern 说明来扩展全局变量的作用域，会因为一个文件中的操作而改变该全局变量的值，以致影响到另一个文件中函数的执行结果，所以使用时必须十分谨慎。

7.7　内部函数和外部函数

函数是 C 语言程序的最小单位，一个 C 语言源文件由一个或多个函数组成。按照程序设计的需要，一个文件中的函数可以只供本文件中的其他函数调用，也可以既供本文件又供其他文件中的函数调用。根据函数能否被其他源文件调用，函数分为内部函数和外部函数两种。

7.7.1　内部函数

内部函数只能被本文件中的各个函数调用，而不能被其他文件中的函数调用。在定义内部函数时，必须用 static 加以说明。其语法的一般格式为

　　　static 函数类型标识符　函数名(形参列表)

【例 7.9】　分析下列程序。

程序如下：

```
#include <stdio.h>                    /*定义内部函数 swap()*/
static void swap(int x, int y)
{
    int t;
    t=x;
    x=y;
    y=t;
    printf("%d    %d\n", x, y);
}
```

```
void main()
{
    int a=2, b=5;
    swap(a, b);
    printf("%d    %d\n", a, b);
}
```
程序运行结果：

  5   2

  2   5

程序分析：用 static 定义的函数 swap()即为内部函数，该函数只能被本源文件中的函数调用。对其他文件而言，函数 swap()相当于被"屏蔽"了。

注意：

(1) 内部函数又称为静态函数，使用范围仅限于定义它的源程序文件内，其他程序文件是不能调用该函数的。

(2) 不同文件中的内部函数允许同名，因为它们的作用范围不同，不会造成混淆。

(3) 内部函数的 static 不可省略。

7.7.2 外部函数

外部函数可以被任何文件的任何函数所调用。其语法的一般格式为

    extern 函数类型标识符 函数名(形参列表)

C 语言规定，如果在定义函数时省略 extern，则系统默认该函数为外部函数。

需要注意的是，当一个文件需调用其他文件定义的外部函数时，必须要在该文件的适当位置(通常是在其首部)用 extern 来说明所调用的函数是外部函数。

【例 7.10】   通过调用外部函数求绝对值。

程序如下：

```
/*文件 1 file1.c */
#include <stdio.h>
void main()
{
    extern int f();                    /*对函数 f()进行外部说明*/
    int s, x;
    printf("请输入一个整数： ");
    scanf("%d", &x);
    s=f(x);                            /*调用外部函数 f()*/
    printf("绝对值为： %d\n", s);
}
/*文件 2 file2.c */
extern int f(int a)                    /*将函数 f()定义为外部函数*/
```

```
    {
        int b;
        if(a>=0)   b=a;
        else   b= -a;
        return(b) ;
    }
```

程序运行结果

　　请输入一个整数：-6✓

　　绝对值为：6

程序分析：

(1) 文件 file2.c 中定义的函数 f()为外部函数，所以该函数可以被文件 file1.c 及文件 file2.c 本身调用。

(2) 文件 file1.c 可以调用文件 file2.c 中定义的函数 f()，但必须在调用之前用 extern 对函数 f()进行外部函数的说明。

(3) 文件 file2.c 中定义函数 f()的关键字 extern 可以省略。

7.8　程序设计综合实例

【例 7.11】　输入一个整数，输出此整数是否为素数的信息。

程序如下：

```
#include <stdio.h>
int prime(int n)                    /*定义函数 prime()*/
{
    int flag=1, i;                  /*初始化状态为素数信息*/
    for(i=2; i<=(n/2); i++)
    if(n%i==0)
    flag=0;                         /*能被 1 和本身以外的数整除则为非素数*/
    return (flag);                  /*返回是否为素数信息*/
}
void main()
{
    int n;
    printf("请输入一个整数：");
    scanf("%d", &n);
    if(prime(n))                    /*如果 prime()返回值为 1*/
        printf("%d 是素数。\n", n);
    else                            /*如果 prime()返回值为 0*/
        printf("%d 不是素数。\n", n);
}
```

程序运行结果：

请输入一个整数：22↙

22 不是素数。

【例 7.12】 将数组元素从大到小排序。

程序如下：

```c
#include <stdio.h>
#define size 10
void sort(int a[], int n)                    /*定义函数 sort()*/
{
    int i, j, temp;
    for(i=0; i<n-1; i++)                      /*外循环*/
    for(j=0; j<n-i-1; j++)                    /*内循环*/
    if(a[j]<a[j+1])                          /*判断大小*/
    {
        temp=a[j];
        a[j]=a[j+1];
        a[j+1]=temp;                          /*排序*/
    }
}
void main()
{
    int k;
    int b[size]={10, 25, 31, 6, 19, 56, 32, 27, 65, 12};
    printf("数组元素为：\n");
    for(k=0; k<size; k++)
    printf("%d   ", b[k]);                    /*显示未排序数组元素值*/
    printf("\n");
    sort(b, size);                            /*调用函数 sort()排序*/
    printf("排序后的数组元素为：\n");
    for(k=0; k<size; k++)
    printf("%d   ", b[k]);                    /*依次显示排序后的数组元素*/
    printf("\n");
}
```

程序运行结果：

数组元素为：

10 25 31 6 19 56 32 27 65 12

排序后的数组元素为：

65 56 32 31 27 25 19 12 10 6

【例 7.13】 将输入的字符串反序后存放。

程序如下：

```c
#include <stdio.h>
#include <string. h>
void inverse(char str[])                    /*定义函数 inverse()*/
{
    char t;
    int i, j;
    for(i=0, j=strlen(str); i<strlen(str)/2; i++, j--)
      {
         t=str[i];
         str[i]=str[j-1];
         str[j-1]=t;                        /*首尾字符依次互换*/
      }
}
void main()
{
    char str[100];
    printf("请输入字符串：\n");
    gets(str);                              /*从键盘输入字符串*/
    inverse(str);                           /*调用函数 inverse()将字符串反序*/
    printf("反序后的字符串：\n");
    puts(str);                              /*显示反序后的字符串*/
}
```

程序运行结果：

请输入字符串：

abcdefg↙

反序后的字符串：

gfedcba

【例 7.14】 从 n 名评委的评分中去掉一个最高分和一个最低分，然后统计总分，最后计算出平均分作为选手的最后得分。

程序如下：

```c
#include <stdio.h>
#include <string. h>
#define n 10
int score[n];                          /*定义数组 score[n]且为全局变量*/
void outline()                         /*定义函数 outline()*/
{
    puts("*******************");        /*显示一行*号*/
```

```
        }
    void get_data()                          /*定义函数 get_data()*/
    {
        printf("\n 请评分：\n");
        outline();                           /*调用函数 outline()显示一行*号*/
        for(int i=0; i<n; i++)
      {
            printf("%d 号评委： ", i+1);
            scanf("%d", &score[i]);          /*按序给出评分*/
        }
        outline();                           /*调用函数 outline()显示一行*号*/
    }
    float processor()                        /*定义函数 processor()*/
    {
        int max, min;
        int sum=0;
        int i;
        max=min=score[0];                    /*最高分和最低分初始化*/
        for(i=1; i<n; i++)
        {
            sum+=score[i];                   /*计算总分*/
            if(score[i]>max)   max=score[i]; /*统计最高分*/
            if(score[i]<min)   min=score[i]; /*统计最低分*/
        }
        sum=sum-min-max;                     /*总分中去掉一个最高分和一个最低分*/
        return(sum*1.0/(n-2));               /*返回去掉最高分和最低分后的平均分*/
    }
    void main()
    {
        float ave;
        get_data();                          /*调用函数 get_data()输入并显示评委给分*/
        ave=processor();                     /*调用函数 processor()获取平均分*/
        printf("最后得分： %.1f\n", ave);     /*显示平均分*/
        outline();                           /*调用函数 outline()显示一行*号*/
    }
```

程序运行结果：

　　按序给出评分：

　　********************

　　1 号评委：85✓

2 号评委：75✓

3 号评委：80✓

4 号评委：70✓

5 号评委：80✓

6 号评委：90✓

7 号评委：80✓

8 号评委：85✓

9 号评委：65✓

10 号评委：95✓

****

最后得分：80.6

****

【例 7.15】　分别用两个函数来求两个正整数的最大公约数和最小公倍数，并在主函数中调用。

分析：

(1) 本例采用辗转相除法求最大公约数：

步骤一：m 除以 n 得到余数 k。

步骤二：若 k=0，则 n 为两数的最大公约数。

步骤三：若 k≠0，则 m=n，n=k，再返回步骤一。

(2) 最小公倍数算法：用 m 和 n 的乘积除以最大公约数。

程序如下：

```c
#include <stdio.h>
int f1(m, n)                        /*定义函数 f1()求最大公约数*/
{
   int k, result;
   do
     {
        k=m%n;                       /*m 除以 n 得到余数 k*/
        if(k==0)   result1=n;        /*余数为 0 则 n 为最大公约数*/
        else
        {
           m=n;
           n=k;                      /*余数不为 0 则 m=n，n=k*/
        }
     }
   while(k>0);                       /*两数继续相除求余数*/
   return(result1);
}
int f2(m, n)                        /*定义函数 f2()求最小公倍数*/
```

```
    {
        int result2;
        result2=m*n/f1(m, n);                /*两数乘积除以最大公约数*/
        return(result2);
    }
    void main()
    {
        int x, y;
        printf("请输入 2 个整数: ");
        scanf("%d, %d", &x, &y);
        printf("最大公约数为: %d\n", f1(x, y));
        printf("最小公倍数为: %d\n", f2(x, y));
    }
```

程序运行结果:

请输入 2 个整数: 27, 15✓

最大公约数为: 3

最小公倍数为: 135

【例 7.16】 从键盘输入一串字符,删除其中指定的字符 d。

程序如下:

```
    #include <stdio.h>
    #include <string.h>
    #define size 40
    f(char s[])                          /*定义函数 f()*/
    {
        int i, t;
        char c[size];                    /*定义数组 c[]*/
        for(i=0, t=0; s[i]!= '\0'; i++)
            if(s[i]!= 'd')   c[t++]=s[i];    /*如为字符 d 则用后一元素将其覆盖*/
            c[t]= '\0';                  /*为新字符串设置结束标志*/
            strcpy(s, c);                /*用新字符串覆盖原字符串*/
    }
    void main()
    {
        char str[size];                  /*定义数组 str[]*/
        printf("请输入字符串: \n");
        gets(str);                       /*从键盘输入一串字符*/
        f(str);                          /*调用函数 f()删除其中的字符 d*/
        printf("删除 d 后的字符串: \n");
        puts(str);                       /*显示新字符串*/
    }
```

程序运行结果：

    请输入字符串：

    asdfrdgtdhxcp✓

    删除 d 后的字符串：

    asfrgthxcp

习　题　7

一、填空题

1. 被调函数是通过函数中的_____语句将返回值传递给主调函数的。

2. 在所有函数之外定义的变量称为_____。

3. 要使一个局部变量在两次函数调用中保持相同的值，其存储类型必须是_____。

4. 直接或间接调用自己的函数称为_____函数。

5. 如果定义函数时省略了函数的存储类型，则该函数为_____函数。

二、单项选择题

1. 在函数内，说明一个变量时，可以省略的存储类型是(　　)。

    A. auto   B. register

    C. static   D. extern

2. C 语言中的函数(　　)。

    A. 可以嵌套定义   B. 嵌套调用和递归调用均可

    C. 不可以嵌套调用   D. 可以嵌套调用，但不可以递归调用

3. 下面的叙述中，正确的是(　　)。

    A. 函数返回值的类型，由 return 语句中所返回值的类型决定

    B. 函数返回值的类型，由主调函数的类型决定

    C. 函数返回值的类型，由定义函数时指定的函数类型决定

    D. 函数返回值的类型，由实参的类型决定

4. 以下错误的描述是(　　)。

    A. 函数调用可以出现在执行语句中

    B. 函数调用可以出现在一个表达式中

    C. 函数调用可以作为一个函数实参

    D. 函数调用可以作为一个函数形参

5. 以下函数定义正确的是(　　)。

    A. int f(int a, int b)   B. int f(int a; int b)

    C. int f(int a, int b);   D. int f(int a, b)

三、阅读程序，写出输出结果

1. 下列程序的输出结果是_____。

```
#include <stdio.h>
int f(int x, int y)
{
    static int w=0, j=2;
    j+=w+1;
    w=j+x+y;
    return(w);
}
void main()
{
    int i=4, w=1, k;
    k=f(i, w);
    printf("%d, ", k);
    k=f(i, w);
    printf("%d\n", k);
}
```

2. 下列程序的输出结果是_____。

```
#include <stdio.h>
int   f(int t[], int n);
void main()
{
    int a[4]={1, 2, 3, 4}, s;
    s=f(a, 4); printf("%d\n", s);
}
int f(int t[], int n)
{
    if(n>0)   return(t[n-1]+f(t,n-1));
    else   return(0);
}
```

3. 下列程序的输出结果是_____。

```
#include <stdio.h>
int f(int x);
void main()
{
    int n=1, m;
    m=f(f(f(n)));
    printf("%d\n",m);
}
```

```
int f(int x)
{
    return(x*2);
}
```

四、编程题

1. 编写一个函数，根据形参 x 和 y 的关系，返回不同的值，具体要求是：如果 x>y，返回 1；如果 x=y，返回 0；如果 x<y，返回–1，并在主函数中通过调用此函数，确定键盘输入的两个数的关系。

2. 编写一个函数，统计一个字符串中所含字母及数字的个数。

3. 编写一个函数，求 $x^2–6x+2$ 的值，x 作为形参，用主函数调用此函数求：

(1) $y1=a^2–6a+2$

(2) $y2=(a+3)^2–6(a+3)+2$

(3) $y3=\cos^2 a–6\cos a+2$

4. 编写一个函数用于判断某一年是否为闰年，在主函数中调用此函数，判断用户输入月份的天数。

5. 某班有 n 名学生，考试共 5 门成绩，用函数求：

(1) 每个学生的平均分；

(2) 每门课程的平均分；

(3) 按每个学生的平均分从高到低进行排序。

第 8 章 指 针

教学目标 ✍

> 了解 C 语言的指针概念;
> 掌握 C 语言中指针的运算;
> 熟悉 C 语言中指针的应用。

指针是 C 语言中的一种数据类型,这种类型的变量用来存放内存单元的地址。指针可以存放变量、数组、字符串等的地址。因此,通过指针可以间接访问变量、数组和字符串等。指针丰富了 C 语言的功能,是 C 语言的灵魂。本章主要介绍什么是指针,如何使用指针访问变量、数组和字符串等。

8.1 指针的概念

8.1.1 变量的地址

所有的变量在使用之前必须先定义,一旦定义了变量,编译系统就给该变量在内存中分配存储单元,不同的数据类型所占用的内存单元数不等,例如,整型数据占 4 个字节单元,字符数据占 1 个字节单元。内存单元以字节为单位,每个内存单元都有一个编号,这个编号叫作地址。通常也把这个地址称为指针。

例如:

```
int a,b;      /*定义了整型变量 a 和 b*/
a=10;
b=20;         /*分别给变量 a 和 b 赋值*/
```

变量所分配存储空间的首字节单元地址称为该变量的地址。假如 a 的地址为 2000,b 的地址为 2004,可以用图 8.1 表示变量与内存地址的关系。

图 8.1 变量与内存地址的关系

在实际程序设计中,不需要知道变量的实际地址,C 语言提供了计算变量地址的运算符:&。变量 a 的地址用&a 表示,变量 b 的地址用&b 表示。&是一个运算符,其功能是取变量的地址。

因此,一旦定义了变量,就可以知道该变量的三个要素:变量的类型(整型、实型、字符型等)；变量的值；变量的地址(用运算符&计算)。知道了变量的内存单元地址，就可以通过指针(地址)间接访问变量。

8.1.2 指针变量的定义

数据在内存中的地址也称为指针，如果一个变量存储了一个数据的指针，就称它为指针变量。即用来存放数据在内存地址的变量叫作指针变量。其语法的一般格式为

  类型说明符 *指针变量名 1,*指针变量名 2, …

说明：定义指针变量包括三个内容。

(1) 指针类型说明，用*表示。

(2) 指针变量名、合法的标识符。

(3) 变量值(指针)所指向变量的数据类型。

例如：

  int *p1,*p2;

注意：

(1) p1 和 p2 是标识符，*不是运算符，它表示该变量的类型为指针型变量。

(2) 类型名是指针变量的基类型，即 p1 和 p2 只能存放整型变量的地址。

又如：

  float *p3; /*p3 是指向浮点变量的指针变量，即 p3 的值应为 float 类型变量的地址*/

  char *p4; /*p4 是指向字符变量的指针变量，即 p4 的值应为 char 类型变量的地址*/

8.1.3 指针变量的赋值

指针变量同普通变量一样，使用之前不仅要定义说明， 而且必须赋予具体的值。指针变量的值就是某个数据的地址，这样的数据可以是数组、字符串、函数，也可以是一个普通变量或指针变量。指针变量的赋值只能赋予地址，绝不能赋予任何其他数据，否则将引起错误。

在 C 语言中，变量的地址是由编译系统分配的，可以用地址运算符&来表示变量的地址。其语法的一般格式为

  &变量名;

例如：&a 表示变量 a 的地址，&b 表示变量 b 的地址。

指针变量的赋值有以下四种方式。

1．指针变量的初始化

指针变量的初始化是指在定义指针变量时直接给其赋值。例如：

  int i=10, *p=&i; /* i 一定要写在*p 的前面，把 i 的地址赋给指针变量 p*/

将变量的地址赋给指针变量，那么该变量与指针就建立了如图 8.2 所示的关系，这时可以说指针 p 指向变量 i。

图 8.2 指针与变量的关系

2. 使用取地址运算符&，把地址值赋给指针变量

例如：

```
int k, *p1;
p1=&k;
```

说明：

(1) 取地址运算符"&"是一个单目运算符，运算对象必须是变量，不允许是常量或表达式。

(2) 运算对象的类型必须与指针变量的基类型相同。

(3) 不允许将一个常数赋给指针变量，例如：

```
int a,*p;
p=2000;
```

3. 把指针变量的值直接赋给指针变量

例如：

```
int k, *p1,*p2;
p1=&k;
p2=p1;      /*表示 p1、p2 都指向变量 k*/
```

说明：赋值号两边指针变量的基类型必须相同。

4. 给指针变量赋"空"值

例如：

```
int *p;
p=NULL;
```

说明：NULL 是在 stdio.h 头文件中定义的预定义符，因此在使用 NULL 时，应该在程序的前面加上预处理命令，即# include <stdio.h>，NULL 的代码值为 0。

8.1.4 通过指针访问变量

当把变量的地址赋给指针变量，就可以通过指针间接访问该变量。C 语言提供了两个关于指针的运算符：

(1) 取地址运算符&。取地址运算符&是单目运算符，其结合性为自右向左，其功能是取变量的地址。

(2) 取内容运算符*。取内容运算符*是单目运算符，其结合性为自右向左，其功能是取指针变量所指向变量的内容。在*运算符之后跟的变量必须是指针变量。

例如：

```
int a=10, b, *p=&a;      /*表示指针变量 p 取得了整型变量 a 的地址*/
b=*p;                     /**p 即是 a，表示取 p 指向的变量的内容再赋给变量 b*/
```

【例 8.1】 通过指针变量对变量进行输入和输出。

程序如下：

```
#include<stdio.h>
void main ()
```

```
    {
        int *p,a;
        p = &a;
        printf("请输入一个整数：");
        scanf ( " %d" , p ) ;                    /*p 是变量 m 的地址，可以替换&a */
        printf("a=%d", *p);                       /*通过*p 输出 a*/
    }
```

程序运行结果：

请输入一个整数：10✓

a=10

程序分析：使用指针是间接访问变量，使用变量名是直接访问变量。通过指针除了可以取变量的数据，也可以修改变量的数据。

【例 8.2】 阅读下列程序，分析输出结果。

程序如下：

```
    #include <stdio.h>
    void main()
    {
        int a = 10, b = 20, c = 30;
        int *p = &a;                   /*定义指针变量并赋初值&a */
        *p = b;                        /*通过指针变量将 b 的值赋给 a*/
        c = *p;                        /*通过指针变量将 a 的值赋给 c*/
        printf("a=%d, b=%d,c= %d, *p=%d\n", a, b, c, *p);
    }
```

程序分析："*"号在不同的位置表示不同的作用："*"用在指针变量的定义中，表明这是一个指针变量，以和普通变量区分开；使用指针变量时在前面加"*"表示获取指针指向的变量的值，或者说表示的就是指针指向的变量本身。

8.2 指 针 与 数 组

8.2.1 指向一维数组的指针

1. 将数组的首地址赋给指针变量

C 语言中数组名表示数组的首地址(起始地址)。

若定义一个指针变量，并将一维数组的首地址赋给指针变量，则该指针就指向了这个一维数组。而定义的指针变量就是指向该数组的指针变量。

例如：

```
    int a[10], *p;         /*定义数组与指针变量 p*/
    p=a; 或 p=&a[0];       /*指针变量 p 存放数组 a 的首地址*/
```

说明：

(1) a 是数组的首地址，&a[0]是数组元素 a[0]的地址，由于 a[0]的地址就是数组的首地址，所以两条赋值操作是等价的。

(2) p 就是指向数组 a 的指针变量。

2. 通过指针引用数组元素

如果定义了一个指向数组 a 的指针 p，此时可以认为指针 p 就是数组 a，这样原来对数组的处理都可以用指针来实现。如对数组元素的访问，既可以用下标变量访问，也可以用指针访问。引用数组元素的方法有以下两种：

(1) 下标法，即使用的 a[i]或 p[i]引用。

(2) 指针法(地址法)，如*(a+i)或*(p+i)等形式，这种方法是一种通过地址的计算，从而求出数组元素值的方法。

引用第 i 个数组元素的方式有：a[i]、*(a+i)、p[i]、*(p+i)。

注意：

(1)　a 和 a[0]具有不同的含义。a 是地址常量，a[0]是一个变量名。

(2)　p 是指针变量，而 a 是地址常量。因为数组一经被说明，数组的地址也就固定了，因此 a 是不能变化的，不允许使用 a++、--a，而 p++、--p 则是正确的。

【例 8.3】　用指针法对数组进行输入和输出。

程序如下：

```
#include<stdio.h>
void   main( )
{
    int a[10], *p, i;
    p = a;                      /*将数组的首地址 a 赋给指针 p*/
    for( i=0 ; i<10; i++)       /*通过指针给数组输入数据*/
        scanf ("%d", (p+i));    /*p+i 等价于 a+i*/
    for( i=0 ; i<10; i++)
        printf ("%d ", *(p+i)); /*通过指针输出数组，*(p+i)等价于*(a+i)*/
    printf("\n");
}
```

程序分析：

(1) 将数组的首地址 a 赋给指针 p，使指针 p 指向了 a[0]这个元素。因此下列两条语句是等价的：

p=&a[0];

p=a;

(2) 采用循环，通过指针将 10 个数据读入数组 a 中。第二个循环通过指针将数组 a 中的元素输出。

3. 指针的算术运算

当指针指向一个连续的存储区域(如数组)时，指针变量可以进行如下运算。

例如：

　　int a[10], *p ,*q;

　　p=a; q=a+9;

(1) 指针与正整数的加减。例如：

　　p=p+n;　　/*指针 p 指向当前元素之后的第 n 个元素*/

　　q=q-n;　　/*指针 p 指向当前元素之前的第 n 个元素*/

(2) 移动指针的运算。例如：

　　p++;　　　/*相当于 p=p+1*/

　　q--;　　　/*相当于 q=q-1*/

(3) 两个指针可以作减法运算。当两个指针指向同一个数组时，且指针 q>=p，q-p 才有意义。表示 p 与 q 之间相差几个存储单元。

(4) 指针的比较。当两个指针指向同一个数组时，可在关系表达式中对两个指针进行比较。例如：

　　p>q　　　/*当 p 处于高地址位置时，比较的结果为 1；否则，为 0*/

　　p<q　　　/*当 p 处于低地址位置时，比较的结果为 1；否则，为 0*/

　　p==q　　/*当 p、q 指向同一个存储单元时，比较的结果为 1；否则，为 0*/

例如：

　　int a[10], *p,　*q;

　　p=a;

　　q= a+9;

则

　　p>q　　　/*比较的结果为 0*/

　　p<q　　　/*比较的结果为 1*/

　　p==q　　/*比较的结果为 0*/

指针 p 与 q 的关系如图 8.3 所示。

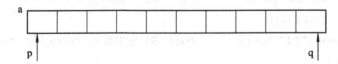

图 8.3　指针 p 与 q 的关系

【例 8.4】　阅读下列程序，写出程序的运行结果。

程序如下：

```
#include<stdio.h>
void main()
{
    int *p1, *p2, a[5]={1, 3, 5, 7, 9};
    for(p1=a; p1<=a+4; p1++)
        printf ("%d ", *p1++);              /*移动指针*/
    printf("\n");
    for(p2=a; p2<=a+4; p2++)
```

```
        printf ("%d ", ++(*p2));          /*p2 指向的数组元素加 1*/
    printf("\n");
}
```

程序运行结果：

```
1  5  9
2  4  6  8  10
```

程序分析：*p1++是先移动指针，再取内容，由于是后++，所以先输出内容后，再移动指针。++(*p2)是先取内容，内容自加 1。

8.2.2　指向二维数组的指针

1．二维数组元素的地址

已知有二维数组：

```
int a[3][4]={{0,1,2,3}, {4,5,6,7}, {8,9,10,11}};
```

C 语言中，可以把二维数组看成一个特殊的一维数组，这个一维数组的每一个成员又是一个一维数组。如上定义的 a 数组，a 数组由 a[0]、a[1]、a[2]三个元素组成，而 a[0]、a[1]、a[2]每个元素又分别是由 4 个整型元素组成的一维数组组成。例如，a[0]所代表的一维数组包含的 4 个元素分别是 a[0][0]、a[0][1]、a[0][2]和 a[0][3]，如下所示：

```
a[0]  0  1  2  3
a[1]  4  5  6  7
a[2]  8  9  10  11
```

二维数组名也是一个地址常量，其值为二维数组中第一个元素的地址。数组名 a 的值与 a[0]的值相同，只是其基类型为具有 4 个整型元素的数组类型。a+0 代表二维数组的首地址，当然也可看成是二维数组 0 行的首地址。a+1 就代表 1 行的首地址，a+2 就代表 2 行的首地址。

在二维数组中，还可用指针的形式来表示各元素的地址。如前所述，a[0]与*(a+0)等价，a[1]与*(a+1)等价，那么，a[i]+j 就与*(a+i)+j 等价，它表示数组元素 a[i][j]的地址。

因此，表示二维数组元素 a[i][j]的方式有如下几种：

(1) *(a[i]+j)

(2) *(*(a+i)+j)

(3) a[i][j]

(4) (*(a+i))[j]

2．指向二维数组的指针

通过指针访问二维数组通常有以下两种方法：

(1) 将二维数组元素的地址赋给指针变量。例如：

```
int a[3][4], *p;
p=&a[0][0];
```

说明：二维数组名 a 与&a[0][0]虽然都代表第 1 个元素的地址，但是其基类型是不同的。二维数组名表示的是二维数组行地址，因此不能简单地将二维数组的地址赋给指针变量。

例如：

     p=a;   /*这是不正确的*/

【例 8.5】   通过指针变量输出二维数组元素，分析下列程序输出结果。

程序如下：

```
#include<stdio.h>
void main()
{
    int a[3][4]={1,2,3,4,5,6,7,8,9,10,11,12}, *p;
    int i;
    p=&a[0][0];
    for(i=0; i<12; i++)
        printf("%d ", *(p+i));
}
```

程序运行结果：

1 2 3 4 5 6 7 8 9 10 11 12

程序分析：二维数组在内存中是按行顺序存放的，如图 8.4 所示。指针变量 p 存放的是 a[0][0]地址，所以可以按顺序输出数组中的每一个元素。

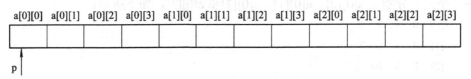

图 8.4　通过指针变量访问二维数组元素

(2) 通过行指针访问二维数组。C 语言定义行指针的一般格式为

    类型说明符 (*行指针名)[列];

例如：

    int (*p)[3];   /*指针 p 为指向一个由 3 个元素所组成的

                       整型数组指针*/

说明：括号中的*表明 p 是一个指针，它指向一个数组，数组的类型为整型一维数组。在定义中，圆括号是不能少的，否则它是指针数组。例如：

    int a[3][4], (*p)[4];

    p=a;

将 p 指向二维数组 0 行，当进行 p+1 运算时，指针指向二维数组的 1 行，如图 8.5 所示。*p+1 指向 a[0][1]，*(p+i)+j 则指向数组元素 a[i][j]。因此，可以用行指针表示二维数组元素。

例如，表示第 i 行第 j 列元素的方式有：p[i][j]、*(p[i]+j)、*(*(p+i)+j)、(*(p+i))[j]。

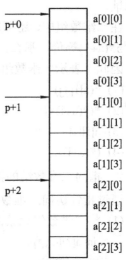

图 8.5　行指针与二维数组关系

【例 8.6】 用行指针输出二维数组，并将数组中的最大元素及所在行列号输出。

程序如下：

```
#include<stdio.h>
void main()
{
    int i,j,m,n,max;
    int a[3][4]={1,2,3,4,5,50,7,8,122,10,11,12};
    int (*p)[4];                /*定义 p 为指向一个有 4 个元素的一维数组的指针变量*/
    p=a;                        /*p 指向第 0 行*/
    max = p[0][0];              /*将第一个元素赋值给 max*/
    for(i=0;i<3;i++)
    {
        for(j=0;j<4;j++)
        {
            if(max<*(*p+i))  /*将大数存入 max，并记下其下标*/
            {
                max=*(*p+j);
                m=i;n=j;
            }
        }
        p++;                    /*移动指针使其指向下一行*/
    }
    printf("a[%2d][%2d]=%5d",m,n,max);
}
```

程序运行结果：

a[2][0]= 122

程序分析：p 是指向含有 4 个元素的一维数组的行指针，实际上是指向二维数组的一行，与 a、a+1、…一样都是指向行的二级指针，故可以直接赋值。p++是移动指针使其指向下一行，*(*p+j)表示第 j 列的元素值。

8.2.3 指向字符串的指针

已知字符串是若干字符的集合，存储时以'\0'结束。C 语言中没有特定的字符串类型，通常是将字符串放在一个字符数组中，数组名代表了字符串在内存中存储的首地址，例如：

```
char str[ ]= "abcdefgh";
printf("%s", str);          /*str 表示首地址，输出时用%s 格式输出*/
```

字符串中的所有字符在内存中是连续排列的，str 指向的是字符串的第 0 个字符。通常将第 0 个字符的地址称为字符串的首地址。

1. 给字符指针赋值的方法

C 语言可以用字符指针指向一个字符串，其方法主要有以下几种：

(1) 通过赋初值使指针指向一个字符串。例如：

```
char *ps="Hello!";      /*赋初值是一个字符串常量*/
```

这种方法是对字符指针变量进行初始化的方法。字符指针指向的是一个字符串常量的首地址，即指向字符串的首地址。

(2) 通过赋值运算使字符指针指向字符串。例如：

```
char *ps;
ps="Hello! ";
```

(3) 通过指针变量之间的赋值使指针指向字符串。例如：

```
char *ps1, *ps2="Hello! ";
ps1=ps2;
```

该例使 ps1 也指向了 ps2 所指向的字符串，即两个字符指针指向的是一个字符串常量的首地址。

2. 通过字符指针访问字符串

当字符指针指向一个字符串时，例如：

```
char *ps="ABCDEF";
```

则在程序中，可以使用以下语句操作字符指针以访问字符串数据：

```
ps++;                   /*指针 ps 加 1 */
*(ps+i)                 /*取字符串中的字符*/
ps = "abcdef.";         /*使指针指向新的字符串常量*/
```

注意：

(1) 当字符指针重新指向另一个字符串时，原来的字符串即丢失。

(2) 不能用字符指针修改字符串中的字符数据，因为字符串本身是一个常量。

例如：

```
*ps++='a';              /*不能通过字符指针向字符串中的任意位置赋值*/
strcpy(ps, "abcdef");   /*不能向 ps 进行字符串的复制*/
```

【例 8.7】 采用 3 种方式输出同一字符串。

程序如下：

```
#include <stdio.h>
void main()
{
    char *ps = "Hello Word!";
    int i;
    printf("%s\n", ps);            /*直接输出字符串*/
    for(i=0; ps[i]!='\0'; i++)     /*使用 ps[i]一个一个输出字符，直到遇到'\0'*/
    {
        putchar( ps[i]);
```

```
        }
        printf("\n");
        for(i=0; *(ps)!='\0'; i++)      /*使用*(ps++)一个一个输出字符，直到遇到'\0'*/
        {
                putchar( *(ps++));
        }
    }
```

程序运行结果：

Hello Word!

Hello Word!

Hello Word!

字符指针与字符数组的区别有以下几方面：

(1) 字符指针是一个变量，可以改变字符指针使它指向不同的字符串，但不能改变字符指针所指的字符串常量。

(2) 字符数组是一个数组，可以改变数组中保存的内容。需要注意的是，数组名是常量，代表数组的首地址，不能直接给数组名赋值。

8.2.4　指针数组

由指针组成的数组就是指针数组。指针数组的所有元素都必须是具有相同存储类型和指向相同数据类型的指针变量。其语法的一般格式为

　　　类型说明符 *数组名[数组长度]

其中，类型说明符为指针数组元素所指向变量的类型。

例如：

```
    int *pa[3];
```

说明：pa 是一个指针数组，它有三个数组元素，每个元素值都是一个指针，指向整型变量。指针数组常用于处理多个字符串，使用灵活、方便。

【例 8.8】　某班级选举班长，有 3 位候选人，编程计算各候选人的选票数。

分析：

(1) 定义一个字符型指针数组用来存放 3 个候选人的姓名：

```
    char *ptr[3]={"zhang", "liming", "wang"};
```

(2) 定义一个整型数组用来存放 3 个人的选票数：

```
    int num[3];
```

程序如下：

```
    #include<stdio.h>
    void main()
    {
        char *ptr[3]={"zhang", "liming", "wang"}; /*用字符型指针数组存放候选人的名字*/
        static   int num[3]={0};
```

```
        char name[20];
        int i   ,m ;
        printf("请输入班级总人数： ");
        scanf("%d",&m);
        for( i =1 ; i<=m ; i++)
         {
                printf("请输入候选人： ");
                scanf("%s",name);
                if(strcmp(name, ptr[0]) == 0)   num[0]++;       /*使用字符串比较函数*/
                if(strcmp(name, ptr[1]) == 0)   num[1]++;
                if(strcmp(name, ptr[2]) == 0)   num[2]++;
         }
        printf("zhang 的得票数为： %d\n",   num[0]);
        printf("liming 的得票数为： %d\n",   num[1]);
        printf("wang 的得票数为： %d\n",   num[2]);
    }
```

程序运行结果：

  请输入班级总人数：5✓

  请输入候选人：zhang✓

  请输入候选人：zhang✓

  请输入候选人：liming✓

  请输入候选人：liming✓

  请输入候选人：wang✓

  zhang 的得票数为：2

  liming 的得票数为：2

  liming 的得票数为：1

  程序分析：指针数组 ptr 的每个元素指向一个字符串的首地址，通过 ptr[i] 访问每个字符串。

8.3　指针与函数

8.3.1　指针作为函数的参数

  在 C 语言中，函数的参数不仅可以是整数、实数、字符等数据，还可以是指向它们的指针。用指针变量作函数参数可以将实参的地址传递到函数内部，使得在函数内部可以操作实参，当函数调用结束，实参的数据仍保留下来。

  【例 8.9】　编写一个函数实现交换两个变量的值。

  分析：如果不用指针作为参数，形参是变量，那么实参传给形参的是变量的值。

程序如下：

```c
#include <stdio.h>
void swap(int a, int b)              /*交换两个数据，形参为整型变量*/
{
    int temp;                        /*中间变量*/
    temp = a;
    a = b;
    b = temp;
}
void main()
{
    int a = 10, b = 20;
    printf("交换前：a = %d, b = %d\n", a, b);
    swap(a, b);                      /*调用 swap 函数，实参传给形参的是变量的值*/
    printf("交换后：a = %d, b = %d\n", a, b);
}
```

程序运行结果：

交换前：a = 10, b = 20

交换后：a = 10, b = 20

程序分析：从结果可以看出，a、b 的值并没有发生改变，两个数据没有交换。这是因为 swap()函数内部的形参 a、b 和传递的实参 a、b 是不同的变量，占用不同的内存，swap()交换的是它内部 a、b 的值，不会影响它外部实参 a、b 的值。

而当指针变量作为函数的参数时，从实参向形参传递的数据是地址，因此对形参的操作都相当于对实参的操作。

【例 8.10】　用指针变量作为函数参数，利用函数调用交换两个整数 a 和 b 的值。

程序如下：

```c
#include<stdio.h>
void swap(int *x,int *y)                 /*形参 x、y 为指针变量*/
{
    int t;
    t=*x;                                /*通过 t 变量交换*x 和*y 的值*/
    *x=*y;
    *y=t;
}
void main()
{
    int a=10,b=20,*p=&a,*q=&b;
    printf("交换前：a=%d,b=%d\n",a,b);
    swap(p,q);                           /*实参 p、q 为指针变量*/
```

```
        printf("交换后：a=%d,b=%d\n",a,b);
    }
```

程序运行结果：

    交换前：a=10,b=20

    交换后：a=20,b=10

程序分析：

(1) swap 函数的形参 p1 和 p2 是指针变量。

(2) 调用 swap()函数时，将变量 a、b 的地址分别赋值给 p、q，这样*p、*q 代表的就是变量 a、b，交换*p、*q 的值也就是交换 a、b 的值。函数执行结束后，将 p、q 释放，但实参 a、b 变量的值仍为交换后的值。

【例 8.11】 编写函数，要求函数的参数为指针，实现输入 a、b 和 c 三个整数，并按由大到小的顺序输出。

程序如下：

```
#include<stdio.h>
void sort_3 (int *p1, int *p2, int * p3)   /*定义 3 个数按从大到小排序函数*/
{
        int temp;
        if(*p1<*p2)   { temp=*p1;*p1=*p2;*p2=temp;}
        if(*p1<*p3)   { temp=*p1;*p1=*p3;*p3=temp;}
        if(*p2<*p3)   { temp=*p2;*p2=*p3;*p3=temp;}
}
void    main()
{
        int a,b,c,*p1,*p2,*p3;
        printf("请输入 3 个整数：");
        scanf("%d%d%d",&a,&b,&c);
        p1=&a; p2=&b; p3=&c;
        sort_3(p1,p2,p3);
        printf("\n%d,%d,%d\n",a,b,c);
}
```

程序运行结果：

    请输入 3 个整数：5   3   8↙

    8, 5, 3

8.3.2 返回指针的函数

如果函数的返回值是指向基类型的指针，即一个存储单元的地址，而不是具体的数据，那么，也称该函数为指针函数，声明指针函数的一般格式为

    数据类型 *函数名(参数表)

例如：

```
int *a(int x, int y)
```

即表示声明一个函数，函数名为 a，其返回值类型是"指向整型的指针"，函数形式参数为
int x 和 int y。

【例 8.12】　下列程序分别定义两个指针函数，分析指针函数的应用。

程序如下：

```
#include <stdio.h>
void main()
{
    int a,b,*p;
    int *min(int x,int y);              /*函数声明*/
    int *max(int *,int *);             /*函数声明*/
    printf("请输入两个整数：");
    scanf("%d%d",&a,&b);
    p=min(a,b);                        /*返回最小值变量的地址赋给指针变量 p*/
    printf(" min=%d",*p);              /*输出最小值*/
    p=max(&a,&b);                      /*函数间传地址*/
    printf("    max=%d",*p);           /*输出最大值*/
}
int *min(int   x,int   y)              /*min 为指针函数，形参是整型变量*/
{
    if(x<y)   return(&x);              /*返回最小值变量的地址*/
    else       return(&y);
}
int *max(int *x,int *y)                /*max 为指针函数，形参是指向整型变量的指针*/
{
    int *q;
    q=*x>*y?x:y;                       /*将大数的地址赋给 q*/
    return (q);                        /*指针变量 q 作为指针函数的返回值*/
}
```

程序运行结果：

```
请输入两个整数：20，30↙
min=20，max=30
```

程序分析：min() 与 max() 使用了不同类型的形参，但都能返回两个形参变量中保存
的变量的地址(指针)。指针函数的返回值一定要是地址，并且返回值的类型要与函数类型
一致。

8.3.3　指向函数的指针

一个函数在编译时被分配一个入口地址(第一条指令的地址)，这个入口地址称为函数

的指针。如果一个指针变量的值等于函数的入口地址，称为指向函数的指针变量，简称为函数指针，可以通过函数指针来调用函数。函数指针定义的一般格式为

　　　　函数返回值类型 (*指针变量名)(形参类型)

【例 8.13】 编写一个程序，求 a 和 b 中的较大数，要求使用函数指针调用 max 函数。

分析：

(1) 定义 max()函数比较两个数的大小，返回较大数。

(2) 定义一个指向整型函数的指针 p，p=max。

(3) 通过函数指针变量 p 调用 max 函数，c = (*p)(a,b); *p 就是调用函数 max。

程序如下：

```
#include<stdio.h>
void main()
{
    int (*p)(int, int);              /*定义一个指向整型函数的指针*/
    int max(int x, int y);          /*声明函数*/
    int a,b,c;
    p = max;                        /*将 max 函数的入口地址赋给函数指针变量 p*/
    printf("请输入两个整数：");
    scanf("%d%d", &a, &b);
    c = (*p)(a,b);                  /*通过函数指针变量 p 调用 max 函数*/
    printf("a=%d,b=%d,max=%d",a,b,c);
}
int max(int x, int y)               /*定义 max()函数比较两个数的大小，返回大数*/
{
    int z;
    if (x>y) z = x;
    else     z = y;
    return z;
}
```

程序运行结果：

```
请输入两个整数：20 30↙
a=20,b=30,max=30
```

8.4　指向指针的指针变量

指针变量本身也是变量，它在内存中也占有内存单元，因此，能够存储指针变量地址的变量称为二级指针。其语法的一般格式为

　　　　类型名 **指针变量名

例如：

int *p, **prt, i=10;

其中，*prt 为一个指向指针的指针变量。prt 存放的是一个基类型为 int 的指针变量的地址。

prt=&p;

当有 p=&i 和 prt=&p 时，可用*p 或**prt 来引用变量 i，如图 8.6 所示。

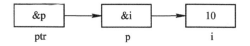

图 8.6　ptr、p 和 i 之间的关系

【例 8.14】　阅读下列程序，写出输出结果。

程序如下：

```
#include<stdio.h>
void   main()
{
    int *p ,**prt , i ;
    i=20;
    p=&i;                        /*p 指向 i*/
    prt=&p;                      /*prt 指向 p*/
    printf("i=%d\n", i);
    printf("通过指针 p 输出：%d\n", *p);
    printf("通过二级指针 prt 输出：%d\n", **prt);
}
```

程序运行结果：

i=20

通过指针 p 输出：20

通过二级指针 prt 输出：20

8.5　程序设计综合实例

【例 8.15】　用指针将字符串 a 复制为字符串 b。

程序如下：

```
#include <stdio.h>
void main()
{
    char a[20], b[20], *p1, *p2;
    int i;
    printf("请输入一个字符串：");
    gets(a);                              /*输入字符串 a*/
    for(p1=a,p2=b; *p1!='\0'; p1++, p2++)      /*p1 指向 a 串，p2 指向 b 串*/
```

```
            *p2=*p1;
            *p2='\0';
            puts(b);                         /*输出字符串 b*/
        }
```

程序执行结果：

    请输入一个字符串：abcdefg↙

    abcdefg

程序分析： p1 指向字符串 a，p2 指向字符串 b。把字符一个一个复制到 p2 所指向的字符数组，终止条件是判断所复制的字符是否为 '\0'，若是则表明源字符串结束，不再循环。否则，p2 和 p1 都加 1，指向下一字符。

【例 8.16】 用指针的方法查找 n 的位置：设一维数组中存放互不相同的 10 个整数，要求从键盘上再输入另一个整数，查找与该值相同的数组的元素。如果存在，输出其下标值，否则，输出此数不存在的提示信息。

分析：

(1) 定义数组 a[10]、指针 p、整数 n 及其他相关变量。

(2) 使 p 指向数组 a，p=a。

(3) 输入数组 a 的元素及整数 n 的值。

(4) 用指针的方法查找 n 的位置。

(5) 若存在则输出对应的下标值，否则输出此数不存在的提示信息。

程序如下：

```
        #include<stdio.h>
        void main()
        {
            int a[10], n, *p, i;
            p=a;
            printf("请输入 10 个整数：");
            for (i=0; i<10; i++)
                scanf("%d", p+i);            /*p+i 等价于&a[i] */
            printf("请输入一个待查找的整数：");
            scanf("%d", &n);                 /*输入一个待查找的整数*/
            for(i=0; i<10; i++)              /*在数组中进行查找*/
                if (n==*(p+i))    break;     /*如果找到了，结束循环*/
            if (i<10)                        /*如果循环提前结束，则说明找到与 n 相等的值了*/
                printf("%d 的下标是：%d\n", n,i);
            else
                printf("没有此数！.\n");
        }
```

程序执行结果：

    请输入 10 个整数：1, 3, 5, 6, 7, 8, 9, 90, 5, 4↙

请输入一个待查找的整数：90✓

90 的下标是：7

【例 8.17】 定义一个二维数组用来存储某个班级的各门课的成绩，查找并显示有不及格课程的学生的成绩。要求用行指针处理，并将查找学生不及格成绩的功能定义为一个函数。

分析：定义一个行指针 p，它指向每行有 N 个元素的二维数组，p 指向 score[M][N]，引用二维数组元素采用*(*(p+i)+j)表示第 i 行 j 列元素。在主函数中输入数据，采用 p[i]+j 表示第 i 行 j 列的地址。

程序如下：

```
#include<stdio.h>
#define M 5                          /*学生人数*/
#define N 4                          /*4 门课程*/
void search(float (*p)[N])           /*形参为行指针 */
{
    int i,j,flag;                    /*flag 作标志变量，当有学生有不及格成绩，flag 为 1*/
    for(i=0;i<M;i++)
    {
        flag=0;
        for(j=0;j<N;j++)
        {
            if(*(*(p+i)+j)<60)   flag=1;
        }
        if(flag==1)
        {
            printf("第%d 个学生有不及格的成绩，各门课程成绩如下：\n",i+1);
            for(j=0;j<N;j++)
            {
                printf("%5.1f",*(*(p+i)+j));
            }
            printf("\n");
        }
    }
}
void main()
{
    float score[M][N];
    int i,j;
    float (*p)[N];                   /*定义行指针，指向每行有 N 个元素的二维数组*/
    p=score;
```

```
        printf("请输入%d 学生%d 门课程成绩: \n",M,N);
        for(i=0;i<M;i++)
        {
                printf("请输入第%d 个学生的第%d 门课成绩:\n",i+1,N);
                for(j=0;j<N;j++)
                        scanf("%f",p[i]+j);
        }
        search(score);
}
```

习 题 8

一、单项选择题

1. 变量的指针，其含义是该变量的(　　　)。
　　A．值　　　　　　　B．地址　　　　　C．名　　　　　　D．一个标志
2. 以下程序的输出结果为(　　　)。
```
#include<stdio.h>
main()
{
        int m=1,n=2,*p=&m,*q=&n,*r;
        r=p;p=q;q=r;
        printf("%d,%d,%d,%d\n",m,n,*p,*q);
}
```
　　A．1,2,1,2　　　　B．1,2,2,1　　　C．2,1,2,1　　　D．2,1,1,2
3. 有定义"int i,a[10],*p;"，则合法的赋值语句是(　　　)。
　　A．p=100;　　　　B．p=a[5];　　　C．p=a[2]+2;　　　D．p=a+2;
4. 已知"float x;"，则以下对指针变量 p 进行定义且赋初值的语句中正确的是(　　　)。
　　A．float *p=1024;　　　　　　　　B．int *p=(float)x;
　　C．float p=&x;　　　　　　　　　D．float *p=&x;
5. 以下程序的输出结果为(　　　)。
```
main()
{
        char ch[]="uvwxyz",*pc;
        pc=ch;
        printf("%c\n",*(pc+5));
}
```
　　A．z　　　　　　　　　　　　　　B．0
　　C．元素 ch[5]的地址　　　　　　　D．字符 y 的地址

6. 以下程序段中，不能正确赋字符串的是(　　　)。

　　A．char s[10]="abcdefg";　　　　B．char t[]="abcdefg",*s=t;

　　C．char s[10];s="abcdefg";　　　　D．char s[10];strcpy(s,"abcdefg");

7. 设有定义"int n=0,*p=&n,**q=&p;"，则以下选项中，正确的赋值语句是(　　　)。

　　A．p=1;　　　B．*q=2;　　　C．q=p;　　　D．*p=5;

二、阅读程序，写出输出结果

1. 下列程序的输出结果是＿＿＿＿＿＿＿＿＿＿＿＿。

```
main()
{
        char a[]="123456789",*p; int i=0;
        p=a;
        while(*p)
        {
                if(i%2==0) *p='*';
                p++;i++;
        }
         puts(a);
}
```

2. 下列程序的输出结果是＿＿＿＿＿＿＿＿＿＿＿＿。

```
#include<stdio.h>
void   fun(char   *s)
{
        while(*s)
        {
                if(*s%2==0)printf("%c",*s);
                s++;
        }
}
main()
{
        char a[]= "good";
        fun(a);printf("\n");
}
```

3. 下列程序的输出结果是＿＿＿＿＿＿＿＿＿＿＿＿。

```
#include <stdio.h>
void f(int *p,int *q);
main()
{
        int m=1,n=2,*r=&m;
```

```
        f(r,&n);
        printf("%d,%d",m,n);
    }
    void f(int *p,int *q)
    {p=p+1;*q=*q+1;}
```

4. 下列程序的输出结果是_____。

```
#include <stdio.h>
void    main()
{
        int a[]={1,2,3,4,5,6},*k[3],i=0;
        while(i<3)
        {
                k[i]=&a[2*i];
                printf("%d      ",*k[i]);
                i++;
        }
}
```

5. 下列程序的输出结果是_____。

```
void fun(char *c,int d)
{
        *c=*c+1;
        d=d+1;
        printf("%c,%c,",*c,d);
}
void    main()
{
        char a='A',b='a';
        fun(&b,a);
        printf("%c,%c\n",a,b);
}
```

三、编程题

1. 已知一个整型数组 a[5]，它的元素值为 1、2、3、4、5。定义一个指针变量 p，使它指向该数组，通过指针 p 访问数组 a 并计算该数组各元素的总和。

2. 编写一个函数，计算一个字符串的长度。

3. 编写一个程序，从键盘输入星期，输出该星期的英文名，用指针数组实现。

第 9 章　结构体、共用体和枚举类型

教学目标 ✎

➢ 掌握结构体类型和结构体类型变量的定义方法；
➢ 掌握结构体类型变量、数组和指针的引用方法；
➢ 熟悉共用体和枚举类型的概念及应用；
➢ 了解链表的构成原理和链表的实现方法；
➢ 了解自定义类型的用法。

9.1　结构体概述

结构体是可以将若干个不同数据类型的变量组合在一起的又一种数据类型。结构体和数组类似，都是多个数据的集合体。两者不同的是：数组是相同类型数据的集合体，而结构体则可以是不同类型数据的集合体。

在实际应用中，有时需要处理的数据比较复杂。例如，学生管理信息中包含有学号、姓名、性别、年龄、成绩、家庭住址等不同类型的数据项。在 C 语言中，可以使用结构体将以上数据项结合在一起，形成一个新的数据类型，即结构体。其中学号、姓名、性别、年龄、成绩、家庭住址等称为结构体的成员。

借助 C 语言提供的结构体可以将表达同一对象的不同属性封装在一起，使之达到逻辑概念与程序变量一一对应的目的，从而提高程序的清晰度，降低程序的复杂度，改善程序的可维护性。

9.1.1　定义结构体类型

构建一个结构体类型的一般格式为

```
struct 结构体名
{
    数据类型  成员 1;
    数据类型  成员 2;
    ...
    数据类型  成员 n;
};
```

说明：

(1) struct 是构建结构体类型的关键字，也就是说，在构建结构体类型时，必须用"struct"进行声明。

(2) 结构体名和各成员由用户自行命名。关键字 struct 连同其后的结构体名一起称为结构体类型名。

(3) 花括号内是该结构体所包含的子项，称为结构体的成员，每个成员是结构体中的一个域。

(4) 在同一结构体内，各成员的名称不能相同；但不同结构体中的成员名可以相同，并且结构体的成员名可以与程序中的变量名相同。

(5) 花括号"}"后面的";"不可缺少。

(6) 结构体类型定义的位置，可以在函数内部，也可以在函数外部。在函数内部定义的结构体类型，只能在函数内部使用；在函数外部定义的结构类型，其有效范围从定义处开始，直到其所在的源程序文件结束。

【例 9.1】   构建学生信息所需要的结构体类型。

程序如下：

```
struct student                    /*定义结构体类型*/
{
    int num;                      /*学号为整型*/
    char name[20];                /*姓名为字符串*/
    char sex[10];                 /*性别为字符串*/
    int age;                      /*年龄为整型*/
    int score;                    /*成绩为整型*/
    char addr[30];                /*地址为字符串*/
};
```

9.1.2 定义结构体变量

结构体类型是由若干的基本类型复合而成的。在概念上必须要清楚地认识到，结构体类型也只是一种类型，而不是变量实体。为了能在程序中使用结构体类型的数据，还需要定义结构体类型的变量，并在其中存放具体的数据。定义结构体类型变量的方法有以下三种：

(1) 在定义结构体类型的同时定义变量。其语法的一般格式为

```
struct 结构体名
{
    数据类型  成员 1;
    数据类型  成员 2;
    …
    数据类型  成员 n;
}变量 1,变量 2,…,变量 n;
```

【例 9.2】　定义两个结构体类型的变量。

程序如下：

```
struct student
{
    int num;
    char name[20];
    char sex[10];
    int age;
    int score;
    char addr[30];
}student1,student2;
```

以上程序中定义了两个变量 student1 和 student2，它们的类型为结构体。

(2) 先定义结构体的类型，再定义该类型的变量。其语法的一般格式为

　　结构体类型名　变量 1, 变量 2, …, 变量 n;

【例 9.3】　定义两个结构体类型的变量。

程序如下：

```
struct student
{
    int num;
    char name[20];
    char sex[10];
    int age;
    int score;
    char addr[30];
};
struct student student1,student2;
```

(3) 不指定结构体类型名，直接定义结构体类型的变量。例如：在例 9.2 中，可以省略结构体名 student。用这种形式来定义结构体变量时，只能使用一次，因为该结构体类型没有类型名，程序的其他位置就无法再次使用该类型去定义别的变量了。

9.1.3　引用结构体变量数据

1. 结构体变量成员的引用

由于结构体类型包含了若干种不同类型的数据，故不能把一个结构体变量作为一个整体来处理。

结构体变量的运算都是基于它的成员变量。也就是说，要通过引用它的成员变量来进行结构体变量的运算，例如给结构体变量赋初值、在屏幕上输出它的数据元素、进行运算等，都是通过结构体变量的成员变量来实现的。

引用结构体变量中成员的一般格式为

结构体变量名.成员名

其中，"."称为成员运算符。在所有的运算符中，它的优先级最高。这样，将"结构体变量名.成员名"视作一个普通的变量，就可以进行各种运算了。例如：

student1.num=10001;

就是将整数 10001 赋给 student1 中的成员变量 num。

注意：如果结构体变量的成员又是一个结构体变量，则只能对最底层的成员进行各种运算。在引用最底层的成员时，需要增加成员运算符，一层一层地找到最底层的成员。

【例 9.4】 在例 9.1 的基础上，构建学生年龄信息的结构体类型。

程序如下：

```
struct date                    /*定义一个结构体类型 struct  date*/
{
    int month;                 /*月份*/
    int day;                   /*日期*/
    int year;                  /*年份*/
};
struct student                 /*定义一个结构体类型 struct student*/
{
    int num;
    char name[20];
    char sex[10];
    int age;
    struct date birthday;      /*成员 birthday 属于 struct date 类型*/
    char addr[30];
}student1, student2;
```

则引用成员 day 的方式为

student1.birthday.day

2. 结构体变量的初始化

与基本类型的变量一样，结构体变量的初始化也可以通过赋值语句及相关函数的形式来实现。

(1) 通过赋值语句对结构体变量的成员赋值。

方法一：定义变量的同时给变量的成员赋值。

【例 9.5】 定义结构体类型的变量并对其成员赋初值。

程序如下：

```
struct student
{
    int num;
    char name[20];
    char sex[10];
```

```
        int age;
        int score;
        char addr[30];
    };
    struct student student1={10001, "Zhang San", "male", 21, 91, "100 wuhan road"};
```

方法二：同时定义结构体和变量并对变量的成员赋值。

```
    struct student
    {
        int num;
        char name[20];
        char sex[10];
        int age;
        int score;
        char addr[30];
    }student1={10001, "Zhang San", "male", 21, 91, "100 wuhan road"};
```

说明：相同类型的结构体变量可以直接赋值，而不需要用成员运算符一个一个地赋值。

如在例 9.5 中，如果又定义了同为 struct student 类型的变量 student2，则可以将同类型的变量 student1 的值直接赋给变量 student2，具体形式为

```
    struct student student2;
    student2= student1;
```

(2) 通过相关函数对结构体变量的成员赋值。

【例 9.6】　对例 9.2 中的结构体变量 student1 的成员进行初始化。

程序如下：

```
    struct student
    {
        int num;
        char name[20];
        char sex[10];
        int age;
        int score;
        char addr[30];
    } student1;
```

输入学号可用：

scanf ("%d", &student1.num);

输入姓名可用：

gets(student1.name); 或者 scanf("%s", student1.name);

输入性别可用：

gets(student1.sex); 或者 scanf("%s", student1.sex);

输入年龄可用：

```
scanf("%d", &student1.age);
```
输入成绩可用：
```
scanf("%d", &student1.score);
```
输入家庭地址可用：
```
gets(student1.addr); 或者 scanf("%s", student1.addr);
```
由此可见，对结构体成员变量进行初始化与对基本变量进行初始化的方法是一样的。

注意：

(1) 由于成员运算符"."的优先级在所有运算符中最高，所以&student1.num 相当于&(student1.num)，无需再加括号。

(2) 不能用 scanf 语句对结构体成员进行整体赋值，如下列语句为错误语句：
```
scanf("%d, %s, %s, %d, %d, %s\n", &student1);
```

9.2 结 构 体 类 型

9.2.1 结构体类型的数组

所谓结构体类型的数组，是指每个数组元素都是一个结构体变量，它们都分别包括各个成员项。

例如：
```
struct student
{
    int num;
    char name[20];
    char sex[10];
    int age;
    int score;
    char addr[30];
}student1, student2[2];
```
这里定义了 struct student 结构体类型的变量 student1 和结构体类型的数组 student2。

结构体类型的数组初始化与普通数组初始化一样。结构体类型的数组可在定义时初始化，也可以通过函数对其进行初始化。如对结构体类型的数组 student2 进行初始化，可采用以下两种方式：

(1) 通过赋值的方式对结构体类型的数组进行初始化。
```
struct student
{
    int num;
    char name[20];
    char sex[10];
```

```
    int age;
    int score;
    char addr[30];
}student2[2]={{ 10001, "Zhang San", "male", 21, 91, "100 wuhan road"},
            {10002, "Li Si", "female", 20, 93, "31 heping road"}};
```

(2) 通过函数对结构体类型的数组进行初始化。

```
    for(i=0; i<2; i++)
    {
        scanf ("%d", &student2[i].num);
        getchar( );                    /*读到回车符*/
        gets(student2[i].name);
        gets(student2[i].sex);
        scanf ("%d", &student2[i].age);
        getchar( );                    /*读到回车符*/
        scanf ("%d", &student2[i].score);
        getchar( );                    /*读到回车符*/
        gets (student2[i].addr);
        getchar( );                    /*读到回车符*/
    }
```

【例 9.7】　有 3 个候选人，每个选民只能投票选一人，要求编一个统计选票的程序，先后输入被选人的名字，最后输出各人的得票结果。

程序如下：

```
    #include<string.h>
    #include<stdio.h>
    struct person                      /*定义结构体类型 struct   person*/
    {
        char name[20];                 /*候选人姓名*/
        int count;                     /*候选人得票数*/
    }leader[3]={ "Li",0,"Zhang",0," Sun",0};    /*定义结构体数组并初始化*/
    void main( )
    {
        int i, j;
        char leader_name[20];          /*定义字符数组*/
        for (i=1; i<=10; i++)
        {
            scanf("%s", leader_name);            /*输入所选的候选人姓名*/
            for (j=0; j<3; j++)
            if(strcmp(leader_name, leader[j].name)==0) leader[j].count++;    /*统计候选人得票数*/
        }
```

```
        printf("\nResult:\n");
        for(i=0;i<3;i++)
        printf("%5s:%d\n", leader[i].name, leader[i].count);        /*输出投票结果*/
    }
```

9.2.2 结构体类型的指针

所谓结构体类型的指针，就是指向结构体变量的指针。结构体类型的指针中存放的是它所指向的结构体变量的起始地址。指向结构体对象的指针变量既可以指向结构体变量，也可以指向结构体类型的数组中的元素。指针变量的类型必须与结构体变量的类型一致。

1. 指向结构体变量的指针

例如：

```
        struct student
        {
            int num;
            char name[20];
            char sex[10];
            int age;
            int score;
            char addr[30];
        } student1, student2[2], *p;
```

其中，*p 即定义的结构体类型的指针。与指针一样，可以对结构体指针进行初始化，使其指向结构体变量。例如：

```
        struct student *p=&student1;        /*定义 p 并对 p 进行初始化*/
```

或

```
        p=&student1;                        /*对之前已定义的 p 进行初始化*/
```

使用结构体类型的指针时需要注意以下几点：

(1) 结构体类型的指针必须先赋值后才能使用。赋值是把结构体变量的首地址赋给该指针变量。

(2) 如果 p 已经指向结构体变量 student1，则以下三种用法是等价的：

```
        p->num=10001;
        (*p).num=10001;
        student1.num=10001;
```

其中 "->" 称为结构体指针成员运算符，其作用是引用结构体指针的成员。同时要注意(*p)两侧的圆括号不可省略，因为运算符 "." 优先于运算符 "*"。

(3) 如果结构体指针已经指向一个结构体变量，就不能再使之指向结构体变量的成员。例如：

```
        p=&student1.num;
```

是错误的，因为两者数据类型不一致。

【例 9.8】　通过结构体指针引用前面例子中的结构体变量。

程序如下：

```c
#include <stdio.h>
#include <string.h>
struct student
{
    int num;
    char name[20];
    char sex[10];
    int age;
    int score;
    char addr[30];
} ;
void    main( )
{
    struct student student1, *p;
    p=&student1;
    student1.num=10001;
    strcpy(student1.name, "Zhang San");
    strcpy(student1.sex, "male");
    student1.age=21;
    student1.score=91;
    strcpy(student1.addr, "100 wuhan road");
    printf("num:%d\n name:%s\n sex:%s\n age:%d\n score:%d\n addr:%s\n", (*p).num,
            (*p).name, (*p).sex, p->age, p->score, p->addr);
}
```

2. 指向结构体数组的指针

【例 9.9】　将三个学生的信息放在结构体数组中，要求输出这三个学生的信息。

程序如下：

```c
#include <stdio.h>
struct student
{
    int num;
    char name[20];
    char sex[10];
    int age;
    int score;
    char addr[30];
```

```
    };
    struct student student1[3]={{ 10001, "Zhang San", "male", 21, 91, "100 wuhan road"},
                                {10002, "Li Si", "female", 20, 93, "31 heping road"},
                                {10003, "Wang Wu", "male", 20, 86, "76 youyi road"}};
    void main()
    {
        struct student *p;
        for(p=student1; p<student1+3; p++)
        printf("num        name              sex         age  score   addr                \n");
        printf("%5d    %-20s %-10s %4d %6d %-30s\n", p->num, p->name, p->sex, p->age,
                p->score, p->addr);
    }
```

程序运行结果：

Num	name	sex	age	score	addr
10001	Zhang San	male	21	91	100 wuhan road
10002	Li Si	female	20	93	31 heping road
10003	Wang Wu	male	20	86	76 youyi road

程序分析：p 是指向 struct student 结构体类型数据的指针变量。在 for 语句中先使 p 的初值为 student1，也就是数组 student1 中第 1 个元素的起始地址，即 student[0]。执行 p++ 后，p 的值等于 student1+1，p 指向 student1[1]。再次执行 p++ 后，p 的值为 student1+2，p 指向 student1[2]。第三次执行 p++，p 的值不再小于 student1+3，则结束循环。

3. 用结构体变量作函数参数

将一个结构体变量的值传递给另一个函数，可用以下三种方法来实现：

(1) 用结构体变量的成员作参数，其用法和用普通变量作实参是一样的，属于"值传递"方式。另外，要注意实参和形参的类型必须一致。

(2) 用结构体变量作实参，采取的也是"值传递"方式，将结构体变量所占的内存单元的内容全部按顺序传递给形参，形参也必须是同类型的结构体变量。

(3) 用指向结构体变量(或数组元素)的指针作实参，将结构体变量(或数组元素)的地址传给形参。

【例 9.10】 有 n 个结构体变量，内含学生学号、姓名和三门课程的成绩。要求输出平均成绩最高的学生的信息。

程序如下：

```
    #include <stdio.h>
    #define N 3                         /*学生人数为 3*/
    struct student                      /*定义结构体类型 struct    student */
    {
        int num;                        /*学号*/
        char name[20];                  /*姓名*/
```

```
        int score[3];                          /*三门课成绩*/
        float aver;                            /*平均成绩*/
    };
    void main()
    {
        void input(struct student stu[ ]);     /*函数声明*/
        struct student max(struct student stu[ ]);   /*函数声明*/
        void print(struct student stu);        /*函数声明*/
        struct student stu[N], *p=stu;         /*定义结构体数组 stu 和结构体指针 p*/
        input(p);                              /*调用 input 函数*/
        print(max(p));                         /*调用 print 函数*/
    }
    void input(struct student stu[ ])          /*定义 input 函数*/
    {
        int i;
        printf("请输入各学生的信息：学号、姓名、三门课成绩：\n");
        for(i=0; i<N; i++)
        {
            scanf("%d  %s  %d  %d  %d", &stu[i].num, stu[i].name, &stu[i].score[0], &stu[i].score[1],
                &stu[i].score[2]);             /*输入学号、姓名及三门课成绩*/
            stu[i].aver=( stu[i].score[0]+ stu[i].score[1]+ stu[i].score[2])/3.0;   /*计算平均成绩*/
        }
    }
    struct student max(struct student stu[ ] )     /*定义max函数*/
    {
        int i, m=0;                            /*用m存放成绩最高的学生的序号*/
        for(i=0; i<N; i++)
        if(stu[i].aver>stu[m].aver)m=i;        /*找出平均成绩最高的学生的序号*/
        return stu[m];                         /*返回包含该生信息的结构体元素*/
    }
    void print(struct student stud)            /*定义print函数*/
    {
        printf("\n成绩最高的学生是：\n");
        printf("学号：%d\n 姓名：%s\n 三门课成绩：%6d, %6d, %6d \n平均成绩：%6.2f \n", stud.num,
            stud.name, stud.score[0], stud.score[1], stud.score[2], stud.aver);
    }
```

程序分析：

(1) 结构体类型struct student中包括有成员num、name、score(数组)和aver。其中num、name、score为键盘输入数据，而aver的值是在input函数中计算出来的。

(2) 主函数中的数组 stu 和 input 函数的形参 stu 都为 struct student 类型，两者均为局部数据，虽然同名，但二者代表不同对象，互相间没有关系。

(3) 在调用 input 函数时，将主函数中 stu 数组的首元素地址传给形参数组 stu，使形参数组与主函数中的 stu 数组具有相同的地址。因此在 input 函数中向形参数组 stu 输入数据就等于向主函数中的 stu 数组输入数据。

(4) 在主函数中调用 print 函数，实参是 max(p)。其调用过程是先调用 max 函数（以 p 为实参），得到 max(p) 的值（为 struct student 类型的数据），然后再用它调用 print 函数。

(5) 用 max(p) 的值作为实参调用 print 函数。print 函数的形参 stud 为 struct student 类型的变量。在调用时，把 stu[m] 的值传递给形参 stud，在 print 函数中输出结构体变量中各成员的值。

(6) 三次函数调用的情况各不相同：调用 input 函数时，实参是指针变量 p，形参是结构体数组，传递的是结构体元素的地址，函数无返回值；调用 max 函数时，实参是指针变量 p，形参是结构体数组，传递的是结构体元素的地址，函数的返回值是结构体类型数据；调用 print 函数时，实参是结构体数组元素，形参是结构体变量，传递的是结构体变量中各成员的值，函数无返回值。

9.2.3　链表

1．链表概述

使用数组存放一组同类型的数据时，其元素的个数在定义时必须指定，大小不能改变。比如用数组处理等级考试考生的成绩时，由于每次参与考试的考生人数不确定，就只能将数组定得非常大，以保证能够存放所有考生的成绩数据，显然这样处理的结果会造成多数情况下大量计算机资源的浪费。如果换成链表来处理这组数据，则不会出现这种情况。

链表是一种常见的重要的数据结构。在 C 语言中，利用结构体的递归就可以实现动态存储分配，它可以使不占连续内存单元的数据连接起来，构成动态的数据结构。这种数据结构称为链表，它是根据需要来开辟内存单元的。图 9.1 所示为最简单的一种单向链表结构。

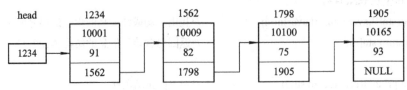

图 9.1　单向链表结构

图 9.1 中的 head 表示链表中的"头指针"变量，它存放一个地址，该地址指向一个元素。链表中每一个元素称为"结点"，每个结点包含两个部分：一是用户需要的实际数据；二是下一个结点的地址。链表中的第一个结点称为"表头"，链表的最后一个结点称为"表尾"。从图中可以看出，"表头"指向第一个元素，第一个元素又指向第二个元素……直到链表的最后一个元素。"表尾"不再指向任何其他元素，其地址部分存放一个空地址"NULL"，链表到此结束。

链表中各元素在内存中的地址可以是不连续的。要找到某一个元素，必须先找到上一个元素，根据它提供的下一个元素的地址才能找到下一个元素。如果没有提供"头指针"head，则整个链表都无法访问。

可以利用指针变量来实现链表的这种数据结构，即一个结点应包含有一个指针变量，用它存放下一个结点的地址。

要定义图 9.1 的链表结点，可以采用以下形式：

```
struct student
{
    int num;
    int score;
    struct student *next;
};
```

其中，成员 num 和 score 存放的是用户需要的数据，称为数据域；而 next 是指针类型的成员，称为指针域，它指向 struct student 类型数据。

2．动态存储分配函数

(1) 内存分配函数 malloc()。其用法为

  malloc(size)

该函数的作用是在内存的动态存储区中分配一个长度为 size 的连续空间。形参 size 的类型为无符号整型(不允许为负数)。函数的返回值是所分配区域的第一个字节的地址，即此函数为一个指针型函数。如果此函数由于诸如内存不足等原因未能成功分配，则返回空指针(NULL)。

(2) 释放内存函数 free()。其用法为

  free(p)

该函数的作用是释放指针变量 p 所指向的动态空间，使这部分空间能够重新被其他变量使用。p 必须为最近一次调用 malloc 函数时得到的返回值。

上面两个函数出现在头文件 stdlib.h 中，使用时应当有"#include <stdlib.h>"语句。

3．链表的建立

建立链表是指在程序执行过程中从无到有地建立起一个链表，即一个一个地开辟结点和输入各结点数据，并建立起前后结点相链的关系。

建立链表的过程是先建立链表的头结点，并将该头结点作为尾结点，然后不断增加新结点，将新增的结点连接在当前尾结点的后面作为新的尾结点。为此，建立链表时需要设置三个指针，分别指向链表的头结点、新建结点和尾结点。

建立链表的过程如下：

(1) 定义三个结构体指针变量 h、p1 和 p2。

(2) 使用 malloc 函数申请一段存储空间存放头结点，将该存储空间的起始地址存放在指针 h 中，且其数据域和指针域均为空，并使 p1 和 p2 同时指向头结点，表示该结点既是头结点，也是当前结点，又是尾结点。

(3) 向当前结点数据域输入数据。

(4) 若输入数据为结束标志，则转至第(7)步；否则继续。

(5) 再次使用 malloc 函数申请一段存储空间存放下一个新建结点，该存储空间的起始地址存放在指针 p1 中。向 p1 结点数据域输入数据，并将 p1 结点的起始地址存入 p2 结点的指针域，这样，p1 结点被链接在 p2 结点之后。再将 p1 结点的起始地址存入指针 p2 使新建结点成为新的尾结点。

(6) 返回第(3)步。

(7) 结束建立链表，并在尾结点的指针域中放入 NULL，作为链表结束的标记。

【例 9.11】 将键盘输入的非零整数依次存入链表各结点的数据域中，当输入整数 0 时，结束建立链表。

程序如下：

```c
#include <stdio.h>
#include <stdlib.h>
struct node                                    /*结点*/
{
  int data;                                    /*结点数据域*/
  struct node *next;                           /*结点指针域*/
};
struct node *creatlist( )                       /*建立链表函数*/
{
  struct node *h, *p1, *p2;                     /*定义三个结构体指针变量*/
  int a;
  h=(struct node *)malloc(sizeof(struct   node));  /*头结点*/
  p2=h;
  scanf("%d", &a);                             /*从键盘输入一个整数*/
  while (a!=0)
   {
     p1=( struct node *)malloc(sizeof(struct node));   /*插入结点起始地址*/
     p1->data=a;                               /*向结点数据域输入数据*/
     p2->next=p1;                              /*将当前结点作为新的尾结点*/
     p2=p1;
     scanf("%d", &a);
   }
  p2->next=NULL;                               /*在尾结点放入结束标记*/
  return (h);
}
void main()
{
  struct node *head;
  head=creatlist();                            /*创建链表并保存链表起始地址*/
}
```

4. 链表的输出

输出链表的过程是根据链表的头结点找到下一个结点，先输出数据域中的数据，然后根据指针域中的地址，取出后继结点，输出其中的数据，直到链表的末尾。

输出链表的过程如下：

(1) 根据调用函数传递来的链表首地址找到该链表的头结点。

(2) 由头结点在指针域中的地址找到下一个结点。

(3) 若结点在指针域中的地址不是 NULL，输出其中的数据，并继续找下一个结点；若指针域中的地址为 NULL，则返回调用函数。

【例 9.12】 依次输出例 9.11 中链表各结点的数据。

程序如下：

```
void printlist(struct node *h)          /*输出链表函数*/
{
    struct node *p1;
    p1=h->next;                         /*取头结点之后一结点*/
    while (p1!=NULL)
  {
      printf("%d", p1->data);
      p1=p1->next;                      /*继续取后继结点*/
  }
    printf("\n");
    return;
  }
```

然后在函数中调用输出链表函数即可。

同时还需将主函数程序改为如下形式：

```
void main()
{
    struct node *head;
    head=creatlist();
    printlist(head);                    /*输出链表*/
}
```

链表中的结点，根据用户的实际需求，还可以进行结点的插入和删除等操作，这使得程序员能够根据事件的变化更加灵活地处理链表中的数据。关于结点的插入和删除可查阅相关资料。

9.3 共 用 体 类 型

1. 共用体的定义与意义

共用体又称联合体(union)，是几个不同类型的变量共享同一段内存单元的一种存储结构，这些不同类型的变量在内存中所占用的起始单元相同。

如图 9.2 所示，将一个短整型变量、一个字符型变量和一个实型变量放在同一个地址开始的内存单元中，这三个变量在内存中所占字节数不同，但起始地址是一致的，这种结构即为共用体类型的结构。

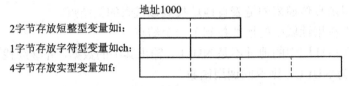

图 9.2　共用体存储结构

共用体的声明与共用体变量的定义格式和结构体相似，只是其关键字为 union。

共用体声明的一般格式为

    union　共用体名
    {
        类型 1　成员 1;
        类型 2　成员 2;
        …
        类型 n　成员 n;
    };

例如：

    union data
    {
        short i;
        char ch;
        float f;
    };

声明一个名为 data 的共用体类型，共有三个成员：成员 i 为短整型，成员 ch 为字符型，成员 f 为实型，这三个成员共用一段内存且起始地址是相同的，如图 9.2 所示。

在内存单元的分配上，共用体和结构体是不同的。结构体变量所占内存大小是所有成员所占内存大小的总和，每个成员分别占有独立的内存单元；而共用体变量所占内存大小等于其中最长成员的长度。

如以上声明的共用体 data，成员 i、ch 和 f 分别占有 2、1 和 4 个字节，且共享一部分内存空间，共用体所占内存大小由成员 f 决定，为 4 个字节。

2．共用体变量的定义

共用体变量的定义形式与结构体类似，可采用以下三种方法。

(1) 定义共用体时同时定义其变量。如要定义 union data 类型的变量 a、b、c，可用以下方法定义：

    union data
    {

```
        short i;

        char ch;

        float f;

    }a, b, c;
```

(2) 先定义共用体后定义变量。如对于上例，也可以采用以下方法定义变量 a、b、c：

```
    union data

    {

        short i;

        char ch;

        float f;

    };

    union data a, b, c;
```

(3) 直接定义共用体类型变量。同样的对于上例，还可以采用以下方法定义变量 a、b、c：

```
    union

    {

        short i;

        char ch;

        float f;

    }a, b, c;
```

3．共用体变量的引用

只有先定义了共用体变量才能引用它。共用体变量的引用与结构体变量一样，不能直接引用共用体变量，而只能引用共用体变量中的成员，如 a.i、b.f。注意，以下的引用是错误的：

```
        printf("%d", a);
```

这是因为 a 的存储区中包含有不同类型的数据，系统无从判别究竟应该输出哪一个成员的值。

4．共用体类型数据的特点

共用体类型的数据具有以下特点，使用中要加以注意：

(1) 系统采用覆盖技术实现共用体变量各成员的内存共享，所以某一时刻，存放和起作用的是最后一次存入的成员值。在对共用体变量中的一个成员赋值后，原有变量存储单元中的值就被取代。

(2) 与结构体变量不同，不能对共用体变量进行初始化，但可以对共用体变量中指定的某一个成员进行初始化。

(3) 由于所有成员共享同一个内存空间，所以，共用体变量的地址与其各成员的地址都是同一个地址。如&a、&a.i、&a.ch、&a.f 都是同一值。

(4) 共用体类型可以出现在结构体类型的定义中，也可以定义共用体数组。反之，结构体也可以出现在共用体类型的定义中，数组也可以作为共用体的成员。

【例 9.13】　利用共用体成员共享存储单元的特点，将 int 类型数据的各字节进行分离。

程序如下：

```
#include <stdio.h>
union un                          /*共用体类型声明*/
{
    int a;                        /*共用体成员 a*/
    char ch[4];                   /*共用体成员 ch*/
}data;                            /*定义共用体类型变量 data*/
void main( )
{
    scanf("%x", &data.a);
    printf("%x %x %x %x %x \ n", data.ch[0], data.ch[1], data.ch[2], data.ch[3]);
}
```

9.4 枚 举 类 型

如果一个变量只有有限的几种可能的值，就可以将它定义成枚举类型变量。所谓"枚举"是指将变量可能的值一一列举出来，变量的值只限于列举值的范围内。

1. 枚举类型及枚举变量的定义

枚举类型语法的一般格式为

　　enum　枚举名{枚举元素列表};

其中，enum 为关键字，enum 连同枚举名一起称为枚举类型名，枚举元素名为一个个由用户自行定义的标识符。例如：

　　enum color{red, yellow, green};

定义了枚举类型 color，它的枚举元素(也称枚举常量)依次为 red、yellow 和 green。

枚举变量的定义与结构体变量及共用体变量的定义方式一样。例如：

　　enum color signal;

定义了一个类型为 enum color 的枚举变量 signal。

2. 枚举元素的取值

(1) 枚举元素是常量而不是变量，所以不能对枚举元素赋值。它们的值只能在定义或初始化时获得。

(2) 枚举元素若未初始化，则按各元素在定义时的排列次序依次从 0 开始取值。例如前面定义的枚举类型 color 中，red 的值为 0，yellow 的值为 1，green 的值为 2。

(3) 每一个枚举元素都代表一个整数，可以在初始化时人为指定各元素的取值。例如：

　　enum color{red=8, yellow=5, green=9};

也可以只对部分枚举元素进行初始化，未初始化的枚举元素取值比它前面的元素大 1。例如：

　　enum weekday{sun=7, mon=4, tue, wed, thu=3, fri=3, sat};

则枚举元素 sun、mon、tue、wed、thu、fri 及 sat 的取值分别是 7、4、5、6、3、3、4。

【例 9.14】 利用枚举变量作循环变量和数组下标。

程序如下：

```
#include <stdio.h>
enum coin{penny, nickcl, dime, quarter, half_dollar, dollar};   /*定义枚举类型 enum coin */
char name[][10]={"January"," February", "March", "April", "May", "June", "July",
                    "August", "September", "October ", "November", "December"};
                                        /*定义字符数组 name 并初始化*/
void main()
{
    enum coin i;
    for(i=Penny; i<=dollar; i++)    /*枚举元素未初始化，penny 默认为 0，dollar 默认为 5*/
    printf("%s ", name[i]);
}
```

程序运行结果：

January   February   March   April   May   June

程序分析：由于枚举元素未初始化，penny 的值默认为 0，其后元素值按顺序依次加 1，故可用作循环变量和数组下标。

9.5　自定义类型

C 语言语法规定，除了可以直接使用标准类型名(如 int、float、char 等)和自己声明的结构体、共用体、枚举类型外，还可以用关键字 typedef 指定新的类型名来代替已有的类型名。经定义类型后，自定义的新的类型标识符与原标识符可以等效使用。

1. 自定义类型的格式

自定义类型语法的一般格式为

　　typedef　原类型标识符　自定义类型标识符;

例如：

```
typedef int Interger;        /*Interger 为自定义标识符，作用与 int 等效*/
typedef float Real;          /*Real 为自定义标识符，作用与 float 等效*/
```

指定用 Interger 表示 int，用 Real 表示 float。这样，语句"float i, j;"与语句"Real i, j;"是等效的。

2. 自定义类型的使用

(1) 用自定义类型名代替简单类型名。前面举的例子就属于这种情况。

(2) 用自定义类型名代替复杂类型名。C 程序中用到的比较复杂的类型包括结构体类型、共用体类型、枚举类型、指针类型、数组类型等。这些类型形式复杂，难以理解，容易出错。使用自定义类型，就可以用一个简单的名字代替复杂的类型形式。

下面以举例的形式介绍使用自定义类型代替各种复杂类型的方法。

(1) 用自定义类型名代替数组类型。例如：

```
typedef char ch[80];          /*声明 ch 为字符型数组类型的类型名*/
ch c;                         /*用自定义类型 ch 定义有 80 个元素的数组 c*/
```

(2) 用自定义类型名代替结构体类型、共用体类型和枚举类型。以结构体类型为例，定义如下：

```
typedef struct  st
{
    int month;
    int day;
    int year;
} Date;                       /*声明 Date 为 struct st 类型*/
Date birthday;                /*与"struct st birthday"等效*/
Date *p;                      /*与"struct st *p"等效*/
```

也可以先定义结构体类型 struct st，再定义类型 Date。即

```
struct st
{
    int month;
    int day;
    int year;
};
typedef struct st Date;
Date birthday, *p;
```

共用体类型和枚举类型的定义与结构体类型相似。

(3) 用自定义类型名代替指针类型。例如：

```
typedef char *string;         /*声明 string 为字符指针类型*/
string p;                     /*与"char    *p; "等效*/
string s[20];                 /*与"char    *s[20]; "等效*/
```

需要强调的是，用 typedef 只是对已经存在的类型指定一个新的类型名，而不是创造新的类型。

9.6 程序设计综合实例

【例 9.15】 用结构体数组存放 10 名学生的考试信息，包括姓名及数学、物理、化学、英语四门课程的成绩和总分，并按总分从高到低排序。

程序如下：

```
#include <stdio.h>
#include <string.h>
```

```c
struct stu                              /*声明结构体类型 struct  stu*/
{
    char name[30];                      /*姓名*/
    int score[4];                       /*4 门课成绩*/
    int total;                          /*总分*/
};
void sort(struct stu *p, int n)         /*定义排序函数 sort*/
{
    int i, j, k, m, temp;
    char *t;
    for(i=0; i<n-1; i++)                /*找出最高成绩*/
    {
        k=i;
        for(j=i+1, j<n; j++)
        if(p[k] total<p[j].total)
        k=j;
        if(k!=i)
        {
            t=p[k].name;                /*交换姓名*/
            strcpy(p[k].name, p[i].name);
            strcpy(p[i].name, t);
            for(m=0;m<4; m++)           /*交换 4 门课成绩*/
          {
            temp=p[k].score[m];
            p[k].score[m]=p[i].score[m];
            p[k].score[m]=temp;
          }
        temp=p[k].total;                /*交换总分*/
        p[k].total=p[i] total;
        p[i].total=temp;
        }
    }
}
void main()
{
    struct stu s[10];                   /*数组 s 用于存放 10 人信息*/
    int i, j;
    for(i=0; i<10; i++)                 /*输入 10 人信息*/
    {
```

```
            printf("Enter  name  math  physical  chemical  English:");
            scanf("%s%d%d%d%d", s[i].name, &s[i].score[0], &s[i].score[1], &s[i].score[2], &s[i].score[3]);
            s[i].total=0;                              /*计算总分*/
            for(j=0; j<4; j++)
            s[i].total+= s[i].score[j];
        }
        sort(s, 10);                                   /*调用排序函数 sort 进行排序*/
        for( i=0; i<10; i++)
        printf("%s, %d, %d, %d, %d, %d\n", s[i].name, s[i].score[0], s[i].score[1], s[i].score[2],
                    s[i].score[3], s[i].total);        /*输出排序后的结果*/
    }
```

程序分析：

(1) 主函数将各成员数据保存在结构体数组中，并计算各学生的总分，通过调用排序子函数对结构体数组进行排序。主函数与子函数之间用结构体数组传递参数，其中实参为结构体数组名，形参为结构体指针。

(2) 由于存在函数调用，且结构体数组要在函数间传递，因此，最好先定义一个外部结构体类型，以保证各函数中的结构体类型一致。

【例 9.16】 为石头剪刀布猜拳游戏编写一个程序。

分析：按猜拳游戏规则，出拳的可选择项仅为有限的石头、剪刀和布三种，故可以在程序中采用枚举类型的变量进行处理。

程序如下：

```
        #include <stdio.h>
        #include <conio.h>
        #include <time.h>
        typedef enum {STONE, SHEARS, CLOTH} Guess; /*自定义枚举类型 Guess 用于选择出拳序号*/
        typedef enum {FALSE, TRUE} boolean; /*自定义枚举类型 boolean 用于确定出拳序号是否有效*/
        typedef char* string;
        string s[ ]= {"石头", "剪刀", "布"};        /*定义字符数组 s 用于显示出拳结果*/
        boolean is_legal(Guess  n);                 /*将函数 is_legal 定义为枚举类型函数*/
        Guess input();                              /*将函数 input 定义为枚举类型函数*/

        void main()
        {
            Guess you;                              /*定义枚举类型变量 you*/
            Guess computer;                         /*定义枚举类型变量 computer*/
            you=input();                            /*你选择的出拳序号*/
            computer=(Guess)(clock()%3);            /*计算机选择的出拳序号*/
            printf("您:%s\n", s[you]);              /*显示你的出拳选择*/
            printf("计算机:%s\n", s[computer]);      /*显示计算机的出拳选择*/
```

```
                    /*比较输赢*/
                    if((you==STONE && computer==SHEARS)
                    ||(you== SHEARS && computer==CLOTH)
                    ||(you== CLOTH && computer==STONE))
                    printf("您赢了");
                    else if(you==computer)
                    printf("您与计算机打成平手");
                    else
                    printf("您输了");


                    getch();                              /*按任意键继续执行程序*/
                }
            Guess input();
                {
                    Guess r;
                    do
                      {
                        printf("请选择:\n0.石头    1.剪刀    2.布: ");
                        scanf("%d", &r);
                        flushall( );                      /*清空键盘缓冲区，以防输入非数字字符*/
                      }
                    while(!is_legal(r));                  /*如果输入的不是 0、1 或 2，则重新输入*/
                    return r;
                }


            boolean is_legal(Guess n)
                {
                    if(n>=0 && n<=2)
                    return TRUE;                          /*输入的是 0、1 或 2，为有效输入*/
                    else
                      {
                        printf("\n 选择的序号不能超出 0～2 的范围，请重新输入: \n");
                        return FALSE;                     /*输入的不是 0、1 或 2，为无效输入*/
                      }
                }
```

程序运行结果:（粗斜体字表示用户输入的文字）

请选择:

0.石头　1.剪刀　2.布: **3**

选择的序号不能超出 0～2 的范围，请重新输入:

请选择：

0.石头　1.剪刀　2.布：*9*

选择的序号不能超出 0～2 的范围，请重新输入：

请选择：

0.石头　1.剪刀　2.布：*1*

您：剪刀

计算机：布

您赢了

【例 9.17】　制作一张表格，其中存有若干学生和教师的信息。学生的信息包括：姓名、号码、性别、职业、班级；老师的信息包括：姓名、号码、性别、职业、职务。

程序如下：

```c
#include <stdio.h>
struct                              /*定义无名称结构体类型*/
{
    int num;                        /*成员 num 存放号码*/
    char name[10];                  /*成员 name 存放姓名*/
    char sex[10];                   /*成员 sex 存放性别*/
    char job;                       /*成员 job 存放职业*/
    union                           /*定义无名称共用体类型*/
    {
        int class;                  /*成员 class 存放学生班级*/
        char position[10];          /*成员 position 存放教师职务*/
    }category;                      /*定义共用体变量 category */
}person[2];                         /*定义含两个元素的结构体数组 person*/
void main()
{
    int i;
    for(i=0; i<2; i++)
    {
        printf("please enter the data of person:\n");
        scanf("%d %s %s %c", &person[i].num, person[i].name, person[i].sex, &person[i].job);
                                    /*输入数据前 4 项*/
        if(person[i].job=='s')
        scanf("%d", &person[i].category.class);     /*职业为学生则输入班级*/
        else if(person[i].job=='t')
        scanf("%s", person[i].category.position);   /*职业为教师则输入职务*/
        else
        printf("Input error!");                     /*职业既不是学生也不是教师则显示出错*/
    }
```

```
        printf("\n");
        printf("No.   name   sex   job class/position\n");
        for(i=0; i<2; i++)
        {
            if(person[i].job=='s')
            printf("%-6d%-10s%-10s%-4c%-10d\n", person[i].num, person[i].name, person[i].sex,
                        person[i].job, person[i].category.class);        /*显示学生全部数据*/
            else
            printf("%-6d%-10s%-10s%-4c%-10d\n", person[i].num, person[i].name, person[i].sex,
                        person[i].job, person[i].category.position);   /*显示教师全部数据*/
        }
    }
```

程序分析：

(1) 学生和教师的数据中前 4 项是相同的，只有第 5 项不同。对于学生，第 5 项数据为班级，对于教师，第 5 项数据为职务。显然可以用共用体来处理该项数据，即将班级和职务放在同一段存储单元中。

(2) 程序运行过程中需要输入数据，输入前 4 项数据时，对于学生和教师来说，输入数据类型是一样的。输入第 5 项数据时，对于学生，输入的是班级号，为整型数据；而对于教师，输入的则是职务，为字符串，程序应作分别处理。

(3) 输入前 4 项数据后，用 if 语句判断其中的职业(即成员 job)，然后决定输入第 5 项数据的类型。

(4) 在输出数据时，同样使用 if 语句判断职业(成员 job)是学生还是教师，以决定输出第 5 项数据的格式。

习　题　9

一、单项选择题

1. 当说明一个结构体变量时，系统分配给它的内存是(　　)。
   A. 各成员所需内存量的总和
   B. 结构中第一个成员所需的内存量
   C. 成员中占内存量最大者所需的容量
   D. 结构中最后一个成员所需的内存量
2. 以下对结构体变量 student1 中的成员 age 引用不正确的是(　　)。

```
    struct student
    {
        int age;
        int num;
    } student1, *p;
```

p=&student1;

A．student1.age   B．student.age

C．p->age   D．(*p).age

3．正确定义枚举类型的是（   ）。

A. enum a={one, two, three};   B. enum a {one=9, two=1, three};

C. enum a={"one", "two", "three"};   D. enum a {"one", "two", "three"};

4．若有以下定义，则变量 a 所占内存的字节数是(   )。

```
union U
{
    char st[4];
    int i;
    long l;
};
struct A
{
    int c;
    union U u1;
}a;
```

A．4   B．5   C．6   D．8

5．对于以下定义语句，不正确的叙述是(   )。

```
struct ex
{
    int a;
    char b;
}exa;
```

A．struct 是结构体类型的关键字   B．exa 是结构体类型名

C．struct ex 是结构体类型名   D．a 和 b 都是结构体成员名

二、判断题

1．自定义数据类型后，被自定义类型标识符所代替的原类型标识符仍然可以正常使用。   （   ）

2．链表中的每个结点都包含有数据域和指针域。   （   ）

3．枚举元素可以用于比较大小。   （   ）

4．定义结构体类型时必须包含有一个确定的结构体类型名。   （   ）

5．可以通过自定义类型来创造新的数据类型。   （   ）

三、阅读程序，写出输出结果

1．下列程序的输出结果是＿＿＿＿＿＿＿＿＿＿。

```
#include <stdio.h>
struct tree
```

```
    {
        int x;
        char *s;
    }t;
    void func(struct tree t)
    {
        t.x=10;
        t.s="computer";
    }
    void main( )
    {
        t.x=1;
        t.s="This is a C. ";
        func(t);
        printf("%d, %s\n", t.x, t.s);
    }
```

2. 下列程序的输出结果是_____。

```
    #include <stdio.h>
    union myun
    {
    struct
     {
        int x, y, z;
     }u;
    int k;
    }a;
    void main( )
    {
        a.u.x=4;
        a.u.y=5;
        a.u.z=6;
        a.k=0;
        printf("%d\n", a.u.x);
    }
```

3. 下列程序的输出结果是_____。

```
    #include <stdio.h>
    void main()
    {
        enum em{em1=3, em2=1, em3};
```

```
            char *aa[ ]={ "AA", "BB", "CC", "DD"};
            printf("%s%s%s\n", aa[em1], aa[em2], aa[em3]);
        }
```

4．程序填空。以下程序用于在结构体数组中查找分数最高和最低同学的姓名和成绩，填空以完成程序。

```
        #include <stdio.h>
        void main( )
        {
          int max, min, i, j;
          static struct
          {
              char name[8];
              int score;
          }stud[5]={ "李云", 90, "王芳", 79, "张红", 81, "许健", 85, "赵雷", 96};
          max=min=0;
          for(i=1; i<5; i++)
          if(stud[i].score>stud[max].score)_____;
          else(stud[i].score<stud[min].score)_____;
          printf("最高分：%s, %d\n", _____);
          printf("最低分：%s, %d\n", _____);
        }
```

四、编程题

1．有 5 个学生的数据信息，包括学号、姓名、3 门课的成绩，从键盘输入这些信息，并输出每个学生 3 门课的总成绩。

2．定义枚举类型 money，用枚举元素代表人民币的面值，包括 1 角、5 角、1 元、5 元、10 元、20 元、50 元、100 元。

3．将一个链表按逆序排列，即原表头作表尾，原表尾作表头。

4．建立一个含 10 个人的通讯录，包括姓名、地址和电话号码，能根据键盘输入的姓名输出该姓名及对应的电话号码。

5．编写统计选票的程序。设有 3 个候选人，有 10 位选民，每位选民只能输入一个候选人的姓名，输出各个候选人的得票数。

第 10 章　文　　　件

教学目标 ✍

➢ 了解文件的概念;
➢ 熟悉文件操作的函数;
➢ 学会使用各种函数操作文件内容。

10.1　文　件　概　述

通过前面章节介绍的内容，可以实现从键盘输入数据，也可将运行结果从屏幕输出显示。但是，在程序运行时，程序本身和数据一般都存放在内存中，运行结束后，数据被释放。如果需要长期保存程序运行所需的数据或程序运行产生的结果，就必须将其以文件形式存储到外部存储介质上。通过使用文件操作的相关函数，可以实现数据的保存，以便下次运行程序时，可以从文件中读取所需的内容。

1. 文件的概念

文件是根据特定目的收集在一起并存储在外部介质上的一组相关数据的有序集合。这个数据集有一个名称，叫作文件名。其中，外部介质是指硬盘、光盘、U 盘等。计算机的操作系统是以文件为单位对数据信息进行管理的，这些数据可以是文本、图片、音频、视频等。

2. 文件分类

从用户的角度看，文件可分为普通文件和设备文件两种。

(1) 普通文件：指驻留在磁盘或其他外部介质上的一个有序数据集，如源程序文件、目标文件、可执行文件、word 文档等。

(2) 设备文件：指与主机相连的各种外部设备，如显示器、打印机、鼠标、键盘等。在操作系统中，可以把外部设备也看作是一个文件来管理，把它们的输入和输出等同于对磁盘文件的读和写。

从文件编码的方式来看，文件可分为 ASCII 码文件和二进制文件两种。

(1) ASCII 码文件：文本文件也称为 ASCII 码文件。这种文件在保存的时候，每个字符对应一个字节，用于存放对应的 ASCII 码。例如，整数 5678 的存储形式为

ASCII 码：　00110101　　　00110110　　　00110111　　　00111000
十进制码：　　　5　　　　　　6　　　　　　7　　　　　　8

共占用 4 个字节，即每个数字字符占一个字节。

ASCII 码文件可以在屏幕上按字符显示。例如，源程序文件就是 ASCII 码文件，用 DOS 命令 TYPE 可显示文件的内容。由于是按字符显示，因此能读懂文件的内容。

(2) 二进制文件：不是保存 ASCII 码，而是把内存中的数据按其在内存中存储的二进制编码方式来保存文件内容的。例如，整数 5678 的二进制形式为

      00010110   00101110

只占 2 个字节。

二进制文件也可以在屏幕上显示，但一个字节并不对应一个字符，不能直接输出字符形式，其内容无法读懂。C 语言编译系统在处理这些文件时，并不区分类型，而是将它们都看成是字符流，按字节进行处理。

输入输出字符流的开始和结束只由程序控制而不受物理符号（如回车符）控制，因此，也把这种文件称为"流式文件"。

3. 文件指针

在 C 语言中用一个指针变量指向一个文件，这个指针称为文件指针。文件指针是一个指向文件有关信息的指针，这些信息包括文件名、文件状态及文件当前位置等。它们保存在一个结构体变量中，该结构体类型是由系统定义的，规定为 FILE 型。在 stdio.h 文件中的声明如下：

```
typedef struct
{
    short level;                  /*level 表示文件缓冲区的状态是满还是空*/
    unsigned flags;               /*flags 为文件状态标志*/
    char fd;                      /*fd 为文件描述符*/
    unsigned char hold;           /*hold 表示如果没有文件缓冲区则不能读取字符 */
    short bsize;                  /*bsize 为文件缓冲区的大小*/
    unsigned char *buffer;        /*指针 buffer 指向数据缓冲区的位置*/
    unsigned char *curp;          /*指针 curp 指向文件的当前活动指针*/
    unsigned istemp;              /*istemp 表示文件是否为临时文件*/
    short token;                  /*token 用于文件合法性检查*/
} FILE;
```

因此，在对文件进行操作的程序开头必须写上：#include "stdio.h"命令。

用户可以通过上面定义的 FILE 类型来定义变量，存放文件的信息，并且不必写出结构体的全部内容，其语法的一般格式为

    FILE *指针变量标识符;

例如：

    FILE *pfile;

其中，pfile 是指向 FILE 结构的指针变量，通过 pfile 即可找到存放某个文件信息的结构体变量，然后按结构体变量提供的信息找到该文件，从而实现对文件的各种操作。

10.2　文件的打开与关闭

　　C 语言对文件的操作主要是对流式文件的打开、关闭、读、写及定位等操作。文件在进行读写操作之前要先打开，使用完毕后要关闭。

1．打开文件

打开文件使用 fopen 函数，其调用的一般格式为

　　　　文件指针名=fopen(文件名，使用文件方式);

说明：

(1) 文件指针名：必须声明为 **FILE** 类型的指针变量。

(2) 文件名：被打开的文件的名字，包含路径的文件名字符串。

(3) 使用文件方式：打开文件的方式，如只读或只写等。

例如：

　　　　FILE *fp;

　　　　fp=("D:\\Test.txt","r");

其含义是打开 D 盘根目录下的 Test.txt 文件，只允许进行"读"操作，并使 fp 指向该文件。两个反斜线"\\"中的第一个表示转义字符。如果文件打开成功，fp 就指向 Test.txt 文件，否则 fp 的值为 NULL。

　　文件使用方式共有 12 种，其含义如表 10.1 所示。

表 10.1　文件使用方式及其含义

文件使用方式	含　　义
rt	只读打开一个文本文件，只允许读数据
wt	只写打开或建立一个文本文件，只允许写数据
at	追加打开一个文本文件，并在文件末尾写数据
rb	只读打开一个二进制文件，只允许读数据
wb	只写打开或建立一个二进制文件，只允许写数据
ab	追加打开一个二进制文件，并在文件末尾写数据
rt+	读写打开一个文本文件，允许读和写
wt+	读写打开或建立一个文本文件，允许读和写
at+	读写打开一个文本文件，允许读，或在文件末追加数据
rb+	读写打开一个二进制文件，允许读和写
wb+	读写打开或建立一个二进制文件，允许读和写
ab+	读写打开一个二进制文件，允许读，或在文件末追加数据

关于文件使用方式的几点说明如下：

(1) 文件使用方式由 r、w、a、t、b、+ 6 个字符拼成，各字符具体含义如下：

- r(read)：读；
- w(write)：写；
- a(append)：追加；
- t(text)：文本文件，可省略不写；
- b(banary)：二进制文件；
- +：读和写。

(2) 当使用方式为"r"时，该文件必须已经存在，否则报错，并且只能从该文件读出数据。

(3) 当使用方式为"w"时，只能向该文件写入数据。若打开的文件不存在，则自动创建一个名字为 filename 的新文件；若打开的文件已经存在，则将该文件删除，并重建一个新文件。

(4) 如果向一个已存在的文件追加新的内容，只能使用"a"方式打开文件，并且该文件必须存在，否则将会出错。

(5) 如果打开一个文件时出错，fopen 函数将返回一个空指针值 NULL。此时可在程序中用这一信息来判断是否完成打开文件的工作，并进行相应的处理。因此，常用以下方法打开文件：

```
if( (fp = fopen("D:\\Test.txt","r"))==NULL)
{
    printf("打开文件失败!\n ");
    exit(0);
}
```

该段程序的含义是：先检查是否能打开文件，如果返回的指针为空，表示不能打开 D 盘根目录下的 Test 文件，并显示错误提示信息"打开文件失败!"，然后使用 exit 函数退出程序。

(6) 把一个文本文件读入内存时，要将 ASCII 码转换成二进制码；把文件以文本方式写入磁盘时，也要将二进制码转换成 ASCII 码，因此文本文件的读写要花费较多的转换时间。而二进制文件的读写不存在这种转换。

(7) 标准输入文件（键盘）、标准输出文件（显示器）和标准出错输出（出错信息）是由系统打开的，可直接使用。

2．关闭打开的文件

文件使用完毕后，应关闭文件，以避免发生文件的数据丢失等错误。关闭文件使用 fclose 函数，其调用的一般格式为

```
fclose(文件指针);
```

例如：

```
fclose(fp);
```

文件关闭成功时，fclose 函数的返回值为 0。如返回非零值，则表示有错误发生。

【例 10.1】 实现文件的打开与关闭功能。

程序如下：

```
#include <stdio.h>
#include <stdlib.h>
int main (void)
{
    FILE *file = NULL;
    file = fopen( "D:\\Data\\Test.txt", "wt+" );          /*打开文件*/
    if(file != NULL)
    {
        puts("打开文件成功\n");
    }
    else
    {
        puts("打开文件失败\n");
    }
    fclose(file);                                          /*关闭文件*/
    getchar();
    return 0;
}
```

程序分析：运行程序后，如果"D:\\Data\\Test.txt"文件存在，那么打开文件成功，文件指针不为 NULL，显示提示信息"打开文件成功"，并关闭文件。否则，显示"打开文件失败"的提示信息。

10.3　顺序文件的读写

文件读写是对文件最常用的操作，在 C 语言中，提供了多种文件读写的函数来实现文件读写。文件读写函数分为两类：顺序读写函数和随机读写函数。

顺序读写文件是对文件的访问次序按照数据在文件中的实际存放顺序进行的，不允许跳跃式读取或插入到任意位置写入数据。

顺序读写文件的函数分为以下四类：

(1) 字符读写函数：fgetc 和 fputc。

(2) 字符串读写函数：fgets 和 fputs。

(3) 数据块读写函数：fread 和 fwrite。

(4) 格式化读写函数：fscanf 和 fprintf。

打开文件之后，读出或写入数据都要使用标准输入输出函数，因此使用以上函数需包含命令：#include <stdio.h>。

10.3.1　字符读写函数 fgetc 和 fputc

字符读写函数是以字符（字节）为单位的读写函数。每次可从文件读出或向文件写入一个字符。

1. 读字符函数 fgetc

fgetc 函数的功能是从指定的文件中读取一个字符，函数调用的一般格式为

        字符变量=fgetc(文件指针);

例如：

        ch=fgetc(fp);

表示从打开的文件 fp 中读取一个字符并赋给字符变量 ch。

【例 10.2】　使用读字符函数，从文件中读取一个一个的字符，并将读取的字符保存在字符数组中，然后输出字符数组的内容。

程序如下：

```
#include <stdio.h>
#include <stdlib.h>
int main( void )
{
  FILE *file;
  char buffer[81];
  int i;
  char ch;
  file = fopen( "D:\\Data\\Test.txt", "r" );        /*打开文件*/
  if( file == NULL )
  {
    puts("打开文件失败\n");
  }
  ch = fgetc( file );                               /*从文件中读取字符*/
   /*如果读取的字符不到 80 个，或者没有读到文件的末尾处，就不停地、一个字符一个
  字符地读取*/
  for( i=0; (i<=80 ) && ( feof( file ) == 0 ); i++ )   /*feof 判断文件是否处于文件结束位置，如
                                                    文件结束，则返回值为 1，否则为 0*/
    {
      buffer[i] = ch;
      ch = fgetc( file );
    }
  buffer[i] = '\0';                                 /*添加字符串结束符*/
  printf( "%s\n", buffer );                         /*输出保存到数组中的内容*/
  fclose( file );
  getchar();
  return 0;
  }
```

程序分析：运行程序后，打开文件"Test.txt"，从文件中依次读取字符，直到读到文件末尾，或者已经读取了 80 个字符，然后输出该字符串。例如，若文件中的内容为"This is a test file"，则输出的字符串为"This is a test file"。

2. 写字符函数 fputc

fputc 函数的功能是将一个字符写入指定的文件中，函数调用的一般格式为

      fputc(字符量,文件指针);

其中，待写入的字符量可以是字符常量或变量。例如：

      fputc('c',fp);

表示将字符 c 写入 fp 所指向的文件。

【例 10.3】 实现从键盘输入字符，将输入的字符保存到文件中，直到输入回车键为止。

程序如下：

```c
#include <stdio.h>
#include <stdlib.h>
int main( void )
{
    FILE *file;
    char buffer[81];
    int  i;
    char ch;
    file = fopen( "D:\\Data\\Test.txt", "wt" );   /*打开文件*/
    if( file == NULL )
    {
        puts("打开文件失败\n");
    }
    /*输入一个字符，如果输入的不是回车，则将输入的字符保存到文件中*/
    ch = getchar();
    while(ch != '\n')
    {
        fputc(ch,file);
        ch = getchar();
    }
    fclose( file );
    return 0;
}
```

程序分析：运行程序后，输入一串字符，按回车键后，会将输入的字符串保存到"D:\\Data\\Test.txt"文件中。

10.3.2 字符串读写函数 fgets 和 fputs

字符串读写函数和字符读写函数类似，字符读写函数每次只操作一个字符，而字符串读写函数是每次操作一串字符。

1. 读字符串函数 fgets

fgets 函数的功能是从指定的文件中读一个字符串到字符数组中，函数调用的一般格式为

    fgets(字符数组名,n,文件指针);

其中，"字符数组"用来存放文件中读取的字符串；"n"是一个正整数，指定要读取的字符串的长度，实际上最多只能从文件中读取 n-1 个字符。若在读入 n-1 个字符结束之前遇到换行符或 EOF，则读入结束。在读入字符串的最后一个字符后面系统会自动加上字符串的结束标志'\0'。例如：

    fgets(str,n,fp);

表示从 fp 所指向的文件中读出 n-1 个字符放入字符数组 str 中。

【例 10.4】 实现从文件中读取一串字符，并显示字符串的内容。

程序如下：

```c
#include <stdio.h>
#include <stdlib.h>
int main( void )
{
    FILE *file;
    char line[100];
    file = fopen( "D:\\Data\\Test.txt", "r" );        /*打开文件*/
    if( file == NULL )
    {
        puts("打开文件失败\n");
    }
    /*从文件中读取一串字符，读取的长度为 100*/
    if( fgets( line, 100, file ) == NULL)
    {
        puts("读取字符串失败\n");
    }
    else
    {
        printf( "读取的字符串为:%s", line);
    }
    fclose( file );
    getchar();
```

```
        return 0;
    }
```

程序分析：运行程序后，打开文件"Test.txt"，从中读取 100 个字符，并将读取的内容输出。如果文件中字符个数不足 100，则读取文件中的所有内容。例如，若文件内容是"This is a test file"，则读取的字符串为"This is a test file"。

2．写字符串函数 fputs

fputs 函数的功能是将字符串写入到指定的文件中，函数调用的一般格式为

　　　　fputs(字符串,文件指针);

其中，字符串可以是字符串常量，也可以是字符数组名或字符指针变量。例如：

　　　　fputs("abc",fp);

表示把字符串"abc"写入 fp 所指向的文件中。如果写入成功，函数返回值为 0；如果写入失败，返回非 0 值。

【例 10.5】 编写一个程序，实现将一个字符串写到文件的末尾，如果需要将文件追加到已有文件的末尾，打开方式为"at+"。

程序如下：

```
#include <stdio.h>
#include <stdlib.h>
int main( void )
{
    FILE *file;
    char line[100];
    file = fopen( "D:\\Data\\Test.txt", "at+" );      /*打开文件*/
    if( file == NULL )
    {
        puts("打开文件失败\n");
    }
    /*将字符串写入到文件的末尾*/
    fputs( "写入字符串到文件中\n", file );
    fclose( file );
    getchar();
    return 0;
}
```

程序分析：运行程序后，会把字符串"写入字符串到文件中"添加到"D:\\Data\\Test.txt"文件的末尾。

10.3.3　数据块读写函数 fread 和 fwrite

有时需要一次读写一组数据，即以数据块为存放单位，例如数组或结构体数据。C 语言提供了数据块读写函数 fread 和 fwrite，可以一次读写大量数据。

1. 数据块读函数 fread

fread 函数的功能是从文件指针指定的文件中读取指定长度的数据块，函数调用的一般格式为

> fread(buffer,size,count,fp);

说明：

(1) buffer：指数据块的指针。对于 fread 函数，它用来存放输入数据的首地址；对于 fwrite 函数，它用来存放输出数据的首地址。

(2) size：表示数据块的字节数。

(3) count：指定每读/写一次，输入或输出数据块的个数。

(4) fp：文件型指针。

2. 数据块写函数 fwrite

fwrite 函数的功能是向文件中写入一块数据，函数调用的一般格式为

> fwrite(buffer,size,count,fp);

其中，buffer 用来存放输出数据的首地址；count 是要写入的数据块块数。

【例 10.6】 打开一个文件，向文件中写入一组数据，并关闭文件。然后，再打开此文件，从文件中读取其中的数据。

程序如下：

```
#include <stdio.h>
int main( void )
{
  FILE *file;
  char list[30];
  int   i, numread, numwritten;
  file = fopen( "D:\\Data\\Test.txt", "wt" );
  /*打开文件写入数据*/
  if( file != NULL )
   {
      for ( i = 0; i < 25; i++ )
        {
          list[i] = (char)('z' - i);
        }
        /*写数据到文件中*/
        numwritten = fwrite( list, sizeof( char ), 25, file );
        printf( "写了: %d  项\n", numwritten );
        fclose( file );
   }
      else
      {
```

```
        printf( "打开文件失败\n" );
    }
    /*打开文件读取数据*/
    file = fopen( "D:\\Data\\Test.txt", "rt" );
    if( file != NULL )
    {
        /*读取字符*/
        numread = fread( list, sizeof( char ), 25, file );
        printf( "读取的字符数：%d\n", numread );
        printf( "读取的内容为：%.25s\n", list );
        fclose( file );
    }
    else
    {
        printf( "打开文件失败\n" );
    }
    getchar();
}
```

　　程序分析：运行程序后，打开文件"Test.txt"，循环写入字符到一个字符数组中，然后使用写字符串函数，把字符数组中的一组数据写入到文件中，并关闭文件。接着，再打开此文件，使用读字符串函数，把文件中的内容读取出来。

10.3.4　格式化读写函数 fscanf 和 fprintf

　　格式化读写函数也能实现文件的读写操作，与前面介绍的读写函数的区别在于格式化读写函数实现了按照一定的格式来读写文件的内容。fscanf 和 fprintf 函数与第 3 章所讲的格式化输入函数 scanf 和格式化输出函数 printf 的功能和用法相似，不同之处在于 fscanf 和 fprintf 函数的读写对象不是键盘和显示器，而是磁盘文件。

　　1．格式化读函数 fscanf

　　fscanf 函数的功能是从指定的文件中读取指定格式的数据，函数调用的一般格式为
　　　　fscanf(文件指针，格式字符串,输入表列);
其中，格式字符串表示读取数据的格式；输入表列中包含待读取的常量、变量或字符串。例如：
　　　　fscanf(fp,"%d%s",&a,name);
表示从文件指针指向的文件中，按照格式字符串所规定的格式读取数据。

　　2．格式化写函数 fprintf

　　fprintf 函数的功能是将格式化的数据写入指定的文件中，函数调用的一般格式为
　　　　fprintf(文件指针,格式字符串,输出表列);
　　例如：

```
fprintf(fp,"%d%c",a,ch);
```

表示按照格式字符串所规定的格式，写入数据到文件指针指向的文件中。

【**例 10.7**】 实现格式化写入数据到文件，然后格式化读取文件的内容，并显示出来。
程序如下：

```
#include <stdio.h>
#include <stdlib.h>
int main( void )
{
    FILE *file;
    long l;
    float fp;
    char s[81];
    char c;
    file = fopen( "D:\\Data\\Test.txt", "w+" );        /*打开文件*/
    if( file == NULL )
    {
        puts("打开文件失败\n");
    }
    /*格式化写文件*/
    fprintf( file, "%s %ld %f%c", "a-string", 65000, 3.14159, 'x' );
    fseek( file, 0L, SEEK_SET );    /*定位文件指针到文件的开始位置, fseek 为文件内部指针定位
                                      函数, 可实现文件内部指针的移动*/
    /*格式化读文件的内容*/
    fscanf( file, "%s", s );
    fscanf( file, "%ld", &l );
    fscanf( file, "%f", &fp );
    fscanf( file, "%c", &c );
    /*显示读出的内容*/
    printf( "%s\n", s );
    printf( "%ld\n", l );
    printf( "%f\n", fp );
    printf( "%c\n", c );
    fclose( file );
    getchar();
    return 0;
}
```

程序分析：运行程序后，会写入字符串"a-string 65000 3.141590x"到文件中。然后，重新定位文件位置指针到文件开始处，格式化读取文件的内容，并显示出来。

10.4 随机文件的读写

前面介绍的顺序文件的读写操作，在读写文件的过程中，文件位置指针会自动向后移动，依次从文件头读/写至文件尾。但在实际应用中，读/写完一个数据之后，并不一定要访问下一个数据，而可能会访问其他位置的数据，这就是文件随机访问。在 C 语言中，通过 rewind、fseek 和 ftell 函数可以实现文件的随机读写功能。

1. 重置文件位置指针函数 rewind

rewind 函数的功能是将文件的位置指针移到文件首，该函数无返回值，函数调用的一般格式为：

    rewind (文件指针);

例如：

    rewind (fp);

其中，fp 是文件指针，指向所操作的文件。

2. 移动文件位置指针函数 fseek

fseek 函数的功能是将文件的位置指针指向指定位置，函数调用的一般格式为

    fseek (文件指针,位移量,起始点);

其中，文件指针指向当前操作的文件；位移量为文件位置指针移动读写位置的偏移量，是一个 int 或 long 型数据；起始点表示文件位置指针的起始位置，起始点的值有 3 个，分别是文件头、文件当前位置和文件尾，具体如下：

(1) SEEK_SET：对应的数值为 0，表示文件位置指针从文件头进行偏移。

(2) SEEK_CUR：对应的数值为 1，表示文件位置指针从文件当前位置进行偏移。

(3) SEEK_END：对应的数值为 2，表示文件位置指针从文件尾进行偏移。

fseek 函数一般用于二进制文件，因为文本文件要进行字符转换，计算位置常会发生混乱。fseek 函数调用成功后会返回 0 值；否则，返回一个非 0 值。

例如：

    fseek(fp,100L,0);

表示将 fp 指向的文件位置指针移到离文件头 100 个字节处。

3. 获取文件位置指针当前值函数 ftell

ftell 函数的功能是获取文件位置指针的当前位置，函数调用的一般格式为

    ftell(文件指针);

例如：

    ftell(fp);

说明：ftell 函数调用成功后，返回文件位置指针的当前位置，如果调用时出现错误，则返回长整型 −1L。

【例 10.8】 通过使用 fseek 函数实现文件内容的随机读取。

程序如下：

```
#include <stdio.h>
#include <stdlib.h>
int main( void )
{
    FILE *file;
    char line[81];
    int result;
    file = fopen( "D:\\Data\\Test.txt", "w+" );
    if( file == NULL )
    {
        puts("打开文件失败\n");
    }
    fprintf( file, "%s ", "fseek 实现文件内部位置指针的定位");
    /*移动位置到第二个字符的位置*/
    fseek( file, 1, SEEK_SET);
    /*在新的位置读取字符串*/
    fgets( line, 80, file );
    /*输出读取的字符串*/
    printf( "读取的内容:%s", line );
    fclose( file );
    getchar();
    return 0;
}
```

　　程序分析：运行程序后，会向文件中写入字符串"fseek 实现文件内部位置指针的定位"。然后，通过 fseek 函数移动文件位置指针到第二个字符的位置，读取文件的内容，并显示读取的结果为"seek 实现文件内部位置指针的定位"。

10.5　文　件　检　测

　　对文件进行读写操作的过程中，经常会因为一些原因，产生各种错误。因此，可以增加一些错误检测方法，进行一些必要的错误处理。C 语言提供了 feof、ferror 和 clearerr 函数用来检测文件操作过程中出现的错误。

1．feof 函数

feof 函数的功能是检测文件位置指针是否到达文件末尾位置，函数调用的一般格式为

　　feof(文件指针);

例如：

　　feof(fp);

说明：如果文件指针处于文件尾，返回值为 1；否则返回值为 0。

2. ferror 函数

ferror 函数的功能是检测文件在使用输入输出函数（如 fread、fwrite 等）进行读写时，是否有错误发生。函数调用的一般格式为

    ferror(文件指针);

说明：如果检测没有错误，返回值为 0；否则返回值为 1。在执行 fopen 函数时，ferror 函数的初始值被自动赋值为 0。

例如：

    if (ferror (fp) != 0)

    printf ("There has an error!\n");

表示如果检测出读写错误，则显示提示信息"There has an error!"。

3. clearerr 函数

clearerr 函数的功能是清除出错标志和文件结束标志，函数调用的一般格式为

    clearerr(文件指针);

例如：

    clearerr(fp);

说明：当文件操作出现错误，文件状态标志为非 0，之后所有的文件操作均无效。如果希望继续对文件进行操作，必须使用 clearerr 函数清除错误标志后，才可以继续操作。此时，可调用 clearerr (fp)，则 ferror (fp)的值将被自动置为 0。

10.6　程序设计综合实例

【例 10.9】　通过字符存取函数，实现文件的复制功能。

程序如下：

```
#include<stdio.h>
#include<stdlib.h>
void main(int argc,char *argv[])
{
    FILE *in,*out;
    if((in=fopen("D:\\Data\\Test.txt","rt"))==NULL)
    {
        printf(" 打开原始文件失败.\n");
        exit(0);
    }
    if((out=fopen("D:\\Data\\Test2.txt","wt"))==NULL)
    {
        printf("/创建目标文件失败.\n");
        exit(0);
```

```
        }
        /*  开始复制文件*/
        while(!feof(in))
        putc(getc(in),out);
        fclose(in);
        fclose(out);
    }
```

程序分析：运行程序后，不断地从源文件中读取字符，写到目标文件中，直到读到源文件的末尾，从而实现了文件的复制功能。

【例 10.10】 编写程序，实现从一个文件中读取字符，并保存到一个数组中。然后，将这个数组的元素从后向前依次写入到另一个文件中，实现文件内容的反序。

程序如下：

```
    #include<stdio.h>
    #define BUFFSIZE 5000
    void main()
    {
        FILE * sfp,* dfp;
        int i;
        char buf[BUFFSIZE];
        sfp = fopen("D:\\Data\\Test.txt","r");        /*以只读方式打开*/
        if(sfp == NULL)
          {
             printf("打开源文件失败\n");
             return;
          }
        dfp = fopen("D:\\Data\\Test2.txt","w");       /*以只写方式打开*/
        if(!dfp)
          {
             printf("打开目标文件失败\n");
             return;
          }
        i=0;
        while(!feof(sfp))                 /*判断是否到文件尾，如果不是则循环*/
          {
             buf[i++]=fgetc(sfp);         /*读出数据送往缓冲区*/
             if(i>=5000)                  /*若i超出，提示程序设置的缓冲区不足*/
               {
                  printf("设置的缓冲区不足!");
                  return;
```

```
            }
        }
    while(--i>=0)
     {
        fputc(buf[i],dfp);          /*控制反序写入到目标文件中*/
     }
    fclose(sfp);
    fclose(dfp);
    getchar();
    }
```

程序分析：运行程序后，先打开源文件，从源文件中读取字符，保存到字符数组中。然后，通过循环，从数组的最后一个元素开始，依次将字符写入到目标文件中，从而实现将源文件内容反序输出到目标文件中。

习 题 10

一、填空题

1．从文件编码的方式来看，可把文件分为＿＿＿＿＿＿＿文件和＿＿＿＿＿＿＿文件。

2．若使用 fopen 函数打开一个文本文件，该文件既能读也能写，则文件中字符串应是＿＿＿＿＿＿＿。

3．使用 fopen 函数打开文件，如果打开文件时出错，将返回一个＿＿＿＿＿＿＿。

4．在 C 语言中，文件的字符读写函数为＿＿＿＿＿＿＿，文件的格式化读写函数为＿＿＿＿＿＿＿。

5．使用 fseek 函数可以实现＿＿＿＿＿＿＿＿＿＿操作。

二、编程题

1．编写程序，实现将一个文本文件中的数据全部读出，保存到另一个已经存在的文本文件的末尾。

2．编写程序，统计一个文本文件中字符的总数，并输出结果。

3．编写程序，实现将一个文本文件中的所有内容全部颠倒顺序，即最后一个字符放到文件开始的第一个位置，倒数第二个字符放到文件开始的第二个位置，依次类推。

第 11 章　综合项目——学生成绩管理系统

教学目标 ✍

➢ 通过一个完整的项目理解 C 语言的各知识点。

通过一步一步地实现一个综合项目——学生成绩管理系统，将前面章节所学习的 C 语言知识点融会贯通。

11.1　问题的提出

为了对学生的成绩进行管理，根据实际需要设计一个学生成绩管理系统，系统实现的主要功能如下：

(1) 打开学生记录；

(2) 增加学生记录；

(3) 修改学生记录；

(4) 删除学生记录；

(5) 查询学生记录；

(6) 保存学生记录；

(7) 退出系统。

11.2　系统主菜单的设计

根据系统需求设计一个主菜单，方便用户依据菜单项来进行相应的操作，系统主菜单的界面如图 11.1 所示。

图 11.1　系统主菜单的界面

实现主菜单的程序如下：

```
int main (void)
{
    int i=1;
    /*程序使用一个 while 循环，不停等待用户的选择*/
    while(i)
    {
        /*表示用户的选择*/
        int choice;
        /*主菜单*/
        printf("\n*************** 学生成绩管理系统********************\n");
        printf("[1] 打开学生记录\n");
        printf("[2] 增加学生记录\n");
        printf("[3] 修改学生记录\n");
        printf("[4] 删除学生记录\n");
        printf("[5] 查询学生记录\n");
        printf("[6] 保存学生记录\n");
        printf("[7] 退出系统\n");
        printf("请选择<1-7>:");
        /*输入用户的选择，根据选择执行不同的菜单项*/
        scanf("%d",&choice);
        getchar();
        switch(choice)
        {
            case 1:
                ReadStuInfo();
                break;
            case 2:
                AddStuRecord();
                break;
            case 3:
                ModifyStuRecord();
                break;
            case 4:
                DeleteStuRecord();
                break;
            case 5:
                SearchStuRecord();
                break;
            case 6:
```

```
                SaveStuInfo();
                break;
            case 7:
                i = 0;
                break;
            default:
                printf("选择错误，请选择<1-7>:");
                break;
            }
        }
        return 0;
}
```

11.3　增加学生记录的实现

用户选择菜单"[2]增加学生记录"后，可以增加学生的记录信息。在每一条学生记录中，保存的学生信息如表 11.1 所示。

表 11.1　学 生 信 息

学生信息	说　　明
学号	一个长度为 8 位的数字字符串，代表一个唯一的学生编号
姓名	一个长度为 8 位的字符串
计算机基础成绩	整数，0～100 之间
高等数学成绩	整数，0～100 之间

在表 11.1 中，每一条学生记录都包含四个属性：学号、姓名、计算机基础成绩和高等数学成绩。那怎么才能更好地组织每个学生的信息呢？这就需要用到之前学习的结构体，即用结构体来代表一个学生的记录，其定义如下：

```
/*定义学生记录结构体*/
struct StudentRecord
{
        int ID;                    /*学生编号*/
        char Name[9];              /*学生姓名*/
        int ComPuter;              /*计算机基础成绩*/
        int Math;                  /*高等数学成绩*/
};
```

然后开始实现增加学生记录的功能，因为学生可能有很多，可以定义一个数组来保存所有学生的信息，学生的个数用一个宏来定义，程序如下：

```
/*定义一个符号常量，代表学生的个数*/
#define STUDENT_NUMBER 1000
```

/*定义一个数组，保存所有的学生信息，数组中保存的是结构体记录，代表学生信息*/

struct StudentRecord students[STUDENT_NUMBER];

/*用一个变量记录当前已有的学生记录的个数*/

int num = 0;

最后，实现添加学生记录的功能函数，函数代码如下：

/*增加学生记录*/

```
void AddStuRecord()
{
    while(1)
    {
        printf("请输入编号[4 位数字]:");
        scanf("%d",&students[num].ID);
        getchar();
        printf("请输入姓名:");
        scanf("%s",&students[num].Name);
        getchar();
        printf("请输入计算机成绩:");
        scanf("%d",&students[num].ComPuter);
        getchar();
        printf("请输入数学成绩:");
        scanf("%d",&students[num].Math);
        getchar();
        /*增加一个学生后，学生记录的个数加 1*/
        num++;
        /*是否继续增加学生记录，如果输入 'n'，表示不继续，退出循环*/
        printf("是否继续增加记录?(y/n)\n");
        if (getchar()=='n')
        {
            break;
        }
    }
```

添加学生记录的程序运行结果如图 11.2 所示。

图 11.2   添加学生记录的程序运行结果

11.4 修改学生记录的实现

修改学生记录时，首先需要找到该学生的记录。查找学生记录可以通过查找该学生的学号来进行，即在所有的学生记录中，查询指定学号即可找到该学生的记录。然后返回这个记录在学生记录数组中的下标值。查找指定学号学生记录的程序如下：

```c
/*查找学生记录，返回该记录的下标*/
int FindStuRecord(int id)
{
    int i;
    /*遍历所有的学生记录，查找出指定编号的记录*/
    for (i=0;i<num;i++)
    {
        if (students[i].ID == id)
        {
            return i;
        }
    }
    return−1;
}
/*显示指定下标的记录内容*/
void DisplayStuRecord(int index)
{
    printf("------------------------------------------------------------\n");
    printf("编号：%d\n",students[index].ID);
    printf("姓名：%s\n",students[index].Name);
    printf("计算机成绩：%d\n",students[index].ComPuter);
    printf("数学成绩：%d\n",students[index].Math);
    printf("------------------------------------------------------------\n");
}
```

在修改学生记录前，输入需要修改的学生的学号，然后根据学号，查找到这个学生记录在数组中的下标，通过此下标，即可获取需要修改的学生信息。最后修改这些信息成为新的信息。具体实现程序如下：

```c
/*修改学生记录*/
void ModifyStuRecord()
{
```

```
int id;
int index;
while(1)
{
        printf("请输入要修改的记录编号[4 位数字]:");
        scanf("%d",&id);
        /*查找指定编号的学生记录的下标*/
        index=FindStuRecord(id);
        if (index ==−1)
        {
                printf("学生记录不存在!\n");
        }
        else
        {
                printf("学生记录信息如下:\n");
                DisplayStuRecord(index);
                printf("请输入新编号[4 位数字]:");
                scanf("%d",&students[index].ID);
                getchar();
                printf("请输入新姓名:");
                scanf("%s",&students[index].Name);
                getchar();
                printf("请输入新计算机成绩:");
                scanf("%d",&students[index].ComPuter);
                getchar();
                printf("请输入新数学成绩:");
                scanf("%d",&students[index].Math);
                getchar();
        }
        printf("是否继续修改其他记录?(y/n)");
        if (getchar()=='n')
        {
                break;
        }
    }
}
```

修改学生记录程序的运行结果如图 11.3 所示。

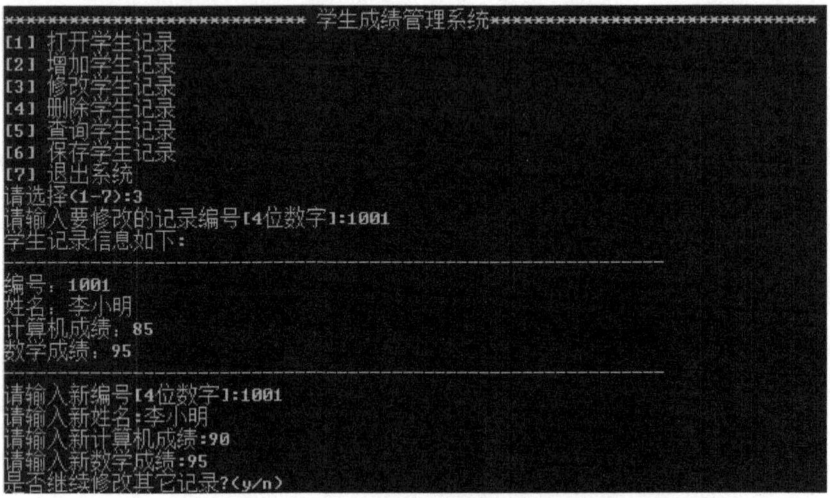

图 11.3　修改学生记录的程序运行结果

11.5　删除学生记录的实现

想要删除学生的记录，首先要找到该记录，可以按照与修改学生记录同样的方法，通过调用查找学生记录的函数，找到需要删除的学生记录在数组中的下标，然后在数组中删除相应的记录。删除学生记录的方法很简单，只需将要删除的记录之后的记录向前移动一个位置，后面的记录就可以覆盖前面的记录，从而实现删除功能。具体的实现程序如下：

```
/*删除学生记录*/
void DeleteStuRecord()
{
    int i;
    int id;
    int index;
    while(1)
    {
        printf("请输入要删除的记录编号[4 位数字]:");
        scanf("%d",&id);
        /*查找记录*/
        index=FindStuRecord(id);
        if (index==-1)
        {
            printf("要删除的记录不存在!\n");
        }
        else
        {
```

```
        printf("**********将要删除的记录信息为**********\n");
        DisplayStuRecord(index);
        printf("是否真的要删除?(y/n)");
        getchar();
        if (getchar()=='y')
        {
            for (i=index;i<num-1;i++)
            {
                /*将后面的记录都向前移动*/
                students[i]=students[i+1];
            }
            /*学生个数递减*/
            num--;
        }
    }
    printf("是否继续删除其他记录?(y/n)\n");
    getchar();
    if (getchar()=='n')
    {
        break;
    }
}
```

删除学生记录的程序运行结果如图 11.4 所示。

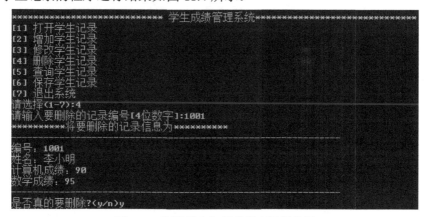

图 11.4　删除学生记录的程序运行结果

11.6　打开与保存学生记录的实现

不论是增加或删除学生的记录,都会将这些信息保存到一个数组中。关闭程序后,这些数据就消失了，下次打开程序就会又要重新输入学生的信息。为了让这些信息能永久性保存，可以将学生的信息保存到文件中。这样，下次打开文件，就可以读取文件中已经保存的学生信息。

保存信息到文件，分为两个步骤：先保存学生记录的个数；然后将数组中的每条学生记录都保存到文件中。保存到文件的实现程序如下：

```
/*将学生记录保存到文件*/
void SaveStuInfo()
{
    FILE *fp;
    int i;
    if ((fp=fopen("StuInfo.data","wb"))==NULL)
    {
        printf("打开文件失败!\n");
        return;
    }
    if (fwrite(&num,sizeof(int),1,fp)!=1)
    {
        printf("写入文件时发生错误!\n");
        fclose(fp);
        return;
    }
    for (i=0;i<num;i++)
    {
        /*写入每一个学生记录信息*/
        if (fwrite(&students[i],sizeof(struct StudentRecord),1,fp)!=1)
        {
            printf("写入文件时发生错误!\n");
            fclose(fp);
            return;
        }
    }
    printf("保存记录成功\n");
    fclose(fp);
}
```

运行程序时，如果学生信息文件已经存在，就可以先打开此文件，将文件中的学生信息读到数组中。然后，可以对这些记录进行增加、修改和删除操作。最后，将修改好的新的学生信息保存到文件中。从文件中读取学生信息的实现程序如下：

```
/*从文件中读取学生记录信息*/
void ReadStuInfo()
```

```
{
    FILE *fp;
    int i;
    if ((fp=fopen("StuInfo.data","rb"))==NULL)
    {
        printf("打开文件失败!\n");
        return;
    }
    /*读取学生记录个数*/
    if (fread(&num,sizeof(int),1,fp) != 1)
    {
        num= -1;
    }
    else
    {
        /*读取每一条学生记录*/
        for(i=0;i<num;i++)
        {
            fread(&students[i],sizeof(struct StudentRecord),1,fp);
        }
        printf("读取到的学生记录数为：%d\n",num);
        printf("******************学生的信息如下******************");
        for(i=0;i<num;i++)
        {
            DisplayStuRecord(i);
        }
    }
    fclose(fp);
}
```

习　题　11

综合应用题

依照学生成绩管理系统设计开发图书信息管理系统，要求能够实现添加图书信息、修改图书信息、查询借书信息、删除图书信息等功能。

附录 A ASCII 码表

附表 A-1 ASCII 码表

ASCII 码	控制字符	ASCII 码	控制字符	ASCII 码	控制字符	ASCII 码	控制字符
0	NUL(空)	32	space	64	@	96	、
1	SOH(标题开始)	33	!	65	A	97	a
2	STX(正文开始)	34	"	66	B	98	b
3	ETX(正文结束)	35	#	67	C	99	c
4	EOT(传输结束)	36	$	68	D	100	d
5	ENQ(询问)	37	%	69	E	101	e
6	ACK(确认)	38	&	70	F	102	f
7	BEL(报警)	39	,	71	G	103	g
8	BS(退一格)	40	(	72	H	104	h
9	HT(横向列表)	41	)	73	I	105	i
10	LF(换行)	42	*	74	J	106	j
11	VT(垂直列表)	43	+	75	K	107	k
12	FF(换页)	44	,	76	L	108	l
13	CR(回车)	45	–	77	M	109	m
14	SO(移出)	46	.	78	N	110	n
15	SI(移入)	47	/	79	O	111	o
16	DLE(数据链换码)	48	0	80	P	112	p
17	DCI(设备控制 1)	49	1	81	Q	113	q
18	DC2(设备控制 2)	50	2	82	R	114	r
19	DC3(设备控制 3)	51	3	83	S	115	s
20	DC4(设备控制 4)	52	4	84	T	116	T
21	NAK(否定)	53	5	85	U	117	u
22	SYN(同步空闲)	54	6	86	V	118	v
23	ETB(传输块结束)	55	7	87	W	119	w
24	CAN(取消)	56	8	88	X	120	x
25	EM(介质中断)	57	9	89	Y	121	y
26	SUB(置换)	58	:	90	Z	122	z
27	ESC(溢出)	59	;	91	[	123	{
28	FS(文字分隔符)	60	<	92	\	124	|
29	GS(组分隔符)	61	=	93	]	125	}
30	RS(记录分隔符)	62	>	94	^	126	~
31	US(单元分隔符)	63	?	95	—	127	DEL(删除)

附录 B　Turbo C 常用库函数

Turbo C 提供了许多库函数，本附录只列出一些常用的，以供大家参考学习。

1．输入/输出函数

使用输入/输出函数时，应该在源文件中包含头文件"stdio.h"。

附表 B-1　输入/输出函数

函数名	函数类型与形参类型	功　　能
clearerr	void clearerr(FILE *fp);	清除文件指针错误
close	int close(FILE *fp);	关闭文件指针 fp 指向的文件，如果关闭成功，返回 0；如果不成功，返回 −1
creat	int creat(char filename,int mode);	以 mode 所指定的方式建立文件。成功则返回正数，否则返回 −1
eof	int eof(int fd);	检查文件是否结束。如果文件结束，返回 1；否则返回 0
fclose	int fclose(FILE *fp);	关闭文件指针 fp 所指向的文件，释放文件缓冲区。有错误返回非 0，否则返回 0
feof	int feof(FILE *fp);	检查文件是否结束。遇文件结束符返回非 0，否则返回 0
fgetc	int fgetc(FILE *fp);	从 fp 所指向的文件中取得下一个字符。若读入错误，返回 EOF
fgets	char *fgets(char *buf,int n,FILE *fp);	从 fp 指向的文件读取一个长度为 n−1 的字符串，存入起始地址为 buf 的空间。成功返回地址 buf，若遇文件结束或出错，返回 NULL
fopen	FILE *fopen(char *fname, char *mode);	以 mode 指定的方式打开名为 filename 的文件。若成功则返回一个文件指针，否则返回 0
fputc	int fputc(char ch,FILE *fp);	将字符 ch 输出到 fp 指向的文件中。成功则返回该字符，否则返回 EOF
fputs	int fputs(char *str,FILE *fp);	将 str 指向的字符串输出到 fp 指向的文件中。成功则返回 0，否则返回非 0
fread	int fread(char *pt,unsigned size, unsigned n, FILE *fp);	从 fp 指向的文件中读取长度为 size 的 n 个数据项，存到 pt 指向的内存区。成功则返回所读的数据项个数，否则返回 0

函数名	函数类型与形参类型	功　　能
fseek	int fseek(FILE *fp,long offset,int base);	将 fp 指向的文件的位置指针移到以 base 所指向的位置为基准，以 offset 为位移量的位置。成功则返回当前位置，否则返回 −1
ftell	long ftell(FILE *fp);	返回 fp 所指向的文件中的当前读写位置
fwrite	int fwrite(char *ptr,unsigned size, unsigned n,FILE *fp);	将 ptr 所指向的 n*size 个字节输出到 fp 所指向的文件中。返回写到 fp 文件中数据项的个数
getc	int getc(FILE *fp);	从 fp 所指向的文件中读入一个字符。返回所读的字符，若文件结束或出错，返回 EOF
getchar	int getchar( );	从标准输入设备读取下一个字符。返回所读字符，若文件结束或出错，则返回 −1
gets	char *gets(char *str);	从标准输入设备读取字符串，存放到由 str 指向的字符数组中，返回字符数组起始地址
open	Int open(char *filename,int mode);	以 mode 指出的方式打开已存在的名为 filename 的文件。返回文件号，如打开失败，则返回 −1
printf	Int printf(char *format,arg,...);	按 format 指向的格式字符串所规定的格式，将输出表列 args 的值输出到标准输出设备。返回输出字符的个数，若出错，则返回负数
putc	Int putc(int ch,FILE *fp);	将一个字符 ch 输出到 fp 所指的文件中。返回输出的字符 ch，出错则返回 EOF
putchar	Int putchar(char ch);	将字符 ch 输出到标准输出设备。返回输出的字符 ch，出错则返回 EOF
puts	Int puts(char *str);	将 str 指向的字符串输出到标准输出设备，将'\0'转换为回车换行。返回换行符，失败则返回 EOF
read	Int read(int fd,char *buf,unsigned count);	从文件号 fd 所指示的文件中读 count 个字节到由 buf 指示的缓冲区中。返回真正读入的字节个数。如遇文件结束返回 0，出错则返回 −1
rename	Int rename(char *oldname, char *newname);	把 oldname 所指的文件名改为由 newname 所指的文件名。成功时返回 0，出错则返回 −1
rewind	void rewind(FILE *fp);	将 fp 指向的文件中的位置指针移到文件开头位置，并清除文件结束标志和错误标志
scanf	Int scanf(char *format,arg,...)	从标准输入设备按 format 指定的格式输入字符串。输入数据给 args 所指向的单元。成功时返回赋给 args 的数据个数，出错则返回 0
write	int write(int fd,char *buf, unsigned count);	从 buf 指示的缓冲区输出 count 个字符到 fd 所标志的文件中。返回实际输出的字节数，出错则返回 −1

2. 数学函数

使用数学函数时，应该在源文件中包含头文件"math.h"。

附表 B-2 数 学 函 数

函数名	函数类型与形参类型	功　　能
abs	int abs(int x);	计算并返回整数 x 的绝对值
acos	double acos(double x);	计算并返回 arccos(x)的值
asin	double asin(double x);	计算并返回 arcsin(x)的值
atan	double atan(double x);	计算并返回 arctan(x)的值
atan2	double atan2(double x,double y);	计算并返回 arctan(x/y)的值
atof	double atof(char *nptr);	将字符串转化为浮点数
cos	double cos(double x);	计算 cos(x)的值，x 单位为弧度
cosh	double cosh(double x);	计算双曲余弦 cosh(x)的值
exp	double exp(double x);	计算 e^x 的值
fabs	double fabs(double x);	计算 x 的绝对值
floor	double floor(double x);	求不大于 x 的最大双精度整数
fmod	double fmod(double x,double y);	计算 x/y 后的余数
fabs	long fabs(long x);	计算并返回长整型数 x 的绝对值
log	double log(double x);	计算并返回自然对数值 ln(x)
log10	double log10(double x);	计算并返回常用对数值 $\log_{10}(x)$
pow	double pow(double x,double y);	计算并返回 x^y 的值
pow10	double pow10(int x);	计算并返回 10^x 的值
rand	int rand(void);	产生 0 到 32 767 间的随机整数
random	int random(int x);	在 0~x 范围内随机产生一个整数
sin	double sin(double x);	计算并返回正弦函数 sin(x)的值
sinh	double sinh(double x);	计算并返回双曲正弦函数 sinh(x)的值
sqrt	double sqrt(double x);	计算并返回 x 的平方根
tan	double tan(double x);	计算并返回正切值 tan(x)
tanh	double tanh(double x);	计算并返回双曲正切函数 tanh(x)的值

3. 字符函数

使用字符函数时，应该在源文件中包含头文件"ctype.h"。

附表 B-3　字 符 函 数

函数名	函数类型与形参类型	功　　能
isalnum	int isalnum(int ch);	检查 ch 是否为字母或数字，如果是字母或数字返回 1，否则返回 0
isalpha	int isalpha(int ch);	检查 ch 是否为字母，如果是字母返回 1，否则返回 0
isdigit	int isdigit(int ch);	检查 ch 是否为数字，如果是数字返回 1，否则返回 0
isgraph	int isgraph(int ch);	检查 ch 是否为可打印字符，即不包括控制字符和空格，如果是返回 1，否则返回 0
islower	int islower(int ch);	检查 ch 是否为小写字母，如果是返回 1，否则返回 0
isprint	int isprint(int ch);	检查 ch 是否为可打印字符(含空格)，如果是返回 1，否则返回 0
ispunch	int ispunch(int ch);	检查 ch 是否为标点符号，如果是返回 1，否则返回 0
isspace	int isspace(int ch);	检查 ch 是否为空格、水平制表符('\t')、回车符('\r')、走纸换行('\f')、垂直制表符('\v')、换行符('\n')，如果是返回 1，否则返回 0
isupper	int isupper(int ch);	检查 ch 是否为大写字母，如果是返回 1，否则返回 0
isxdigit	int isxdigit(int ch);	检查 ch 是否为十六进制数字字符，如果是返回 1，否则返回 0
tolower	int tolower(int ch);	将 ch 中的字母转换为小写字母，返回 ch 所代表字符的小写字母
toupper	int toupper(int ch);	将 ch 中的字母转换为大写字母，返回 ch 所代表字符的大写字母

4．字符串函数

使用字符串函数时，应该在源文件中包含头文件"string.h"。

附表 B-4　字符串函数

函数名	函数类型与形参类型	功　　能
strcat	char *strcat(char *str1,const char *str2);	将字符串 str2 连接到 str1 后面，str1 后的'\0'被删除，返回 str1
strchr	char *strchr(const char *str, int ch);	找出 ch 字符在字符串 str 中第一次出现的位置，返回 ch 的地址，若找不到则返回 NULL
strcmp	int strcmp(char *str1, char *str2);	比较两个字符串 str1 和 str2，若 str1<str2 返回负数；若 str1=str2 返回 0；若 str1>str2 返回正数
strcpy	char *strcpy(char *str1, char *str2);	将字符串 str2 复制到 str1 中，返回 str1 的地址
strlen	int strlen(char *str);	求字符串 str 的长度(不含'\0')，返回 str1 包含的字符数
strlwr	char *strlwr(char *str);	将字符串 str 中的字母转换为小写字母，返回 str 的地址
strupr	char *strupr(char *str);	将字符串 str 中的字母转换为大写字母，返回 str 的地址
strncat	char *strncat(char *str1, char *str2,size_t count);	将字符串 str2 中的前 count 个字符连接到 str1 后面，返回 str1 的地址
strncpy	char *strncpy(char *dest, char *source, size_t count);	将字符串 str2 中的前 count 个字符复制到 str1 中，返回 str1 的地址
strstr	char *strstr(const char *str1, const char *str2);	找出字符串 str2 在字符串 str1 中第一次出现的位置，返回 str2 的地址；如果找不到，返回 NULL

5. 动态存储分配函数

使用动态存储分配函数时，应该在源文件中包含头文件"stdlib.h"。

附表 B-5　动态存储分配函数

函数名	函数类型与形参类型	功　　能
calloc	void　*calloc(size_t　num, size_t size);	为 num 个数据项分配内存，每个数据项大小为 size 个字节。返回分配的内存空间的起始地址，如果分配不成功，返回 NULL
free	void *free(void *p);	释放 p 所指向的内存单元
malloc	void *malloc(size_t size);	分配 size 个字节的存储区，返回所分配内存空间的起始地址；如果分配不成功，返回 0
realloc	void　*realloc(void　p,size_t newsize);	将 p 指向的内存空间大小改为 newsize 字节。返回新分配的内存空间起始地址，如果分配不成功，返回 0

参 考 文 献

[1] 谭浩强. C 程序设计语言[M]. 4 版. 北京：清华大学出版社，2010.

[2] 谭浩强. C 程序设计题解与上机指导[M]. 3 版. 北京：清华大学出版社，2008.

[3] 李泽中，孙红艳. C 语言程序设计[M]. 2 版. 北京：清华大学出版社，2012.

[4] 高福成. C 语言程序设计[M]. 北京：清华大学出版社，2009.

[5] 王庆桦. C 语言程序设计语言[M]. 武汉：华中科技大学出版社，2013.

[6] 杜恒. C 语言程序设计(理实一体化教程)[M]. 北京：机械工业出版社，2014.

[7] 明日科技. C 语言从入门到精通[M]. 2 版. 北京：清华大学出版社，2012.

[8] 程立倩. C 语言程序设计案例教程[M]. 北京：北京邮电大学出版社，2012.

[9] 全国计算机等级考试命题研究组. 全国计算机等级考试考眼分析与样卷解析：二级 C 语言程序设计[M]. 5 版. 北京：北京邮电大学出版社，2016.

[10] 王娟勤，李书琴. C 语言程序设计[M]. 西安：西安电子科技大学出版社，2015.

[11] 何强. C 语言设计教程上机指导及题解[M]. 大连：大连理工大学出版社，2012.

[12] 李铮，王德俊. C 语言程序设计基础与应用[M]. 2 版. 北京：清华大学出版社，2009.

[13] 吕新平. C 语言程序设计项目教程[M]. 北京：中国人民大学出版社，2011.

[14] 王长青，韩海玲. C 语言开发从入门到精通[M]. 北京：人民邮电出版社，2016.

[15] 黄迎久，庞润芳. C 语言程序设计教程[M]. 北京：清华大学出版社，2016.